政府非税收入研究

2022年

第一辑·总第一辑

云南大学政府非税收入研究院◎主办
梁双陆◎主编

中国社会科学出版社

图书在版编目(CIP)数据

政府非税收入研究.2022年.第一辑：总第一辑/云南大学政府非税收入研究院主办；梁双陆主编.—北京：中国社会科学出版社，2022.5
ISBN 978-7-5227-0159-2

Ⅰ.①政… Ⅱ.①云…②梁… Ⅲ.①国家行政机关—非税收收入—财政管理—研究—中国 Ⅳ.①F812.43

中国版本图书馆CIP数据核字(2022)第073019号

出 版 人	赵剑英
责任编辑	马　明
责任校对	王佳萌
责任印制	王　超
出　　版	中国社会科学出版社
社　　址	北京鼓楼西大街甲158号
邮　　编	100720
网　　址	http://www.csspw.cn
发 行 部	010-84083685
门 市 部	010-84029450
经　　销	新华书店及其他书店
印　　刷	北京君升印刷有限公司
装　　订	廊坊市广阳区广增装订厂
版　　次	2022年5月第1版
印　　次	2022年5月第1次印刷
开　　本	710×1000　1/16
印　　张	12.75
字　　数	175千字
定　　价	69.00元

凡购买中国社会科学出版社图书，如有质量问题请与本社营销中心联系调换
电话：010-84083683
版权所有　侵权必究

《政府非税收入研究》
编委会

编委会成员： (以姓氏笔画为序)

计毅彪　刘　凤　李　娟　杨丽娜

杨孟禹　张　林　周济民　徐琰超

梁双陆

出版说明

习近平总书记指出："财政是国家治理的基础和重要支柱，科学的财税体制是优化资源配置、维护市场统一、促进社会公平、实现国家长治久安的制度保障。"① 非税收入与税收收入一样，都是财政收入的重要组成部分。按照市场经济的基本原则和构建公共财政体制的要求，政府主要以税收手段筹集履行公共管理和服务职能所需要的资金，非税收入则是政府提供准公共产品的资金来源，是政府收入的有益补充。当前，世界上几乎所有的国家都有政府非税收入，而且，这部分收入都是本国进行宏观调控的一个重要手段，在优化资源配置、提高公共物品或服务供给效率方面发挥着不可替代的作用。

政府非税收入改革是中国特色社会主义市场经济体制建设、国家治理体系和治理能力现代化的一项重要改革内容，一直在持续推进，从改革开放之初"放权让利"，各地区各部门积极通过非税收入补充政府财力，到集中治理"三乱"问题，再到规范预算管理实行"收支两条线"改革，尤其是2013年以来，党中央、国务院部署持续开展清理规范涉企收费工作，综合采取了一系列取消、降标、减免措施，切实精简、规范了收费项目，减轻了企业负担，激发了市场主体活力。非税收入管理

---

① 《习近平谈治国理政》第1卷，外文出版社2018年，第80页。

正迈向制度化、规范化、法治化轨道。

　　政府非税收入研究正处于一个大有可为的时代。为推动理论与实践相结合，深入探索政府非税收入理论，构建政府非税收入理论体系，为非税收入管理提供更多更具科学性、前瞻性、可操作性的成果，更好地服务于国家财税体制改革，我们编辑出版《政府非税收入研究》，旨在搭建汇聚管理部门和学术界共同探讨的平台，吸引更多专家学者和实际业务工作者关注政治经济学视野下的政府非税收入理论与实践、税收与非税收入的关系、政府治理能力与非税收入关系、财政收入质量、财税体制改革与非税收入征管、政府非税收入管理法治化、政府非税收入与公共治理、国有资源（资产）有偿使用收入等领域。通过刊载优秀学术成果，推进政府非税收入研究的思想创新和学术争鸣；通过多元化的研究方法运用，提高学术研究水平；通过深入持续研究和探索，服务于国家和地方治理体系与治理能力现代化，更好发挥非税收入保障财政收支运行、优化资源配置、维护财经秩序等方面的作用。最终形成中国理论解释中国实践，中国理论指导中国实践的繁荣局面。

梁双陆
2022 年 1 月 1 日

目 录

政府非税收入法定原则研究 …………………………………（1）
 一 引言 ………………………………………………………（1）
 二 政府非税收入的现状及法律特征 …………………………（3）
 三 政府非税收入的法治化现状 ………………………………（17）
 四 政府非税收入的法治化问题 ………………………………（25）
 五 确立政府非税收入法定原则的对策与建议 ………………（37）

中国政府非税收入收缴管理审计研究 …………………………（54）
 一 绪论 …………………………………………………………（55）
 二 非税收入收缴管理的现状 …………………………………（60）
 三 非税收入收缴管理审计的必要性和现状 …………………（66）
 四 非税收入收缴管理现有审计流程分析 ……………………（72）
 五 对策与建议 …………………………………………………（77）

政府非税收入的占比、结构和影响研究 ………………………（80）
 一 中国政府非税收入的现状和发展趋势 ……………………（80）
 二 中国非税收入的财源构成结构分析 ………………………（92）
 三 中国非税收入的影响因素分析 ……………………………（104）

四　经济发展对非税收入的影响分析 …………………………（114）

五　各地区非税收入的发展趋势及因素分析 …………………（123）

六　云南非税收入的结构及变动趋势 …………………………（134）

七　非税收入对经济增长的影响分析 …………………………（146）

八　政策与建议 …………………………………………………（154）

昆明市停车泊位激励性规制研究 ………………………………（158）

一　引言 …………………………………………………………（159）

二　激励性规制理论及其应用分析 ……………………………（164）

三　激励性规制理论应用于政府非税收入的必要性 …………（167）

四　停车泊位收费管理的激励性规制 …………………………（171）

五　停车泊位激励性规制经典案例分析 ………………………（176）

六　昆明市停车泊位管理现状 …………………………………（182）

七　昆明市停车泊位收费管理激励性规制建议 ………………（184）

政府非税收入法定原则研究

杨丽娜　赵忠龙　赵汗青　张　楠　赵　蒙[*]

摘要：政府非税收入是政府在行使管理职能过程中产生的税收以外的财政收入，反映着不同制度设计下的政府治理理念和治理模式。在治理体系与治理能力法治化进程中，必然要遵循法定原则，实现政府非税收入的立法。鉴于构成非税收入的内部各项收入在征收对象、征收时限、征收目标等方面与税收都完全不同，各项收入之间也具有巨大差异，应该基于非税收入各项目功能定位及其特征进行差别化立法，以实现政府非税收入治理法治化。本篇重点从政府性基金、行政事业性收费、罚没收入、国有资源资产有偿使用收入四大类，对非税收入的现状及法律特征、法治化现状、法治化存在的问题、确立非税收入法定原则的对策建议四个方面展开研究，以期为非税收入法定提供参考借鉴。

关键词：非税收入　法律特征　法定原则　差异化立法

一　引言

政府非税收入是政府在行使管理职能过程中产生的税收以外的财政

---

[*] 作者简介：杨丽娜，云南大学经济学院博士研究生；赵忠龙，云南大学法学院副教授；赵汗青，云南大学经济学院硕士研究生；张楠，云南大学经济学院硕士研究生；赵蒙，云南大学经济学院硕士研究生。

收入，是政府提供特定公共物品或准公共物品的资金来源，直接反映着政府与市场、政府与社会的关系，也反映着不同制度设计下的政府治理理念和治理模式。在中国特色社会主义制度建设和深化改革的进程中，政府非税收入及其管理深受社会各界诟病。就非税收入本身而言，范围过宽使得政府裁量权过大，导致其易成为违法收费的根源；数额过大使得"费挤税"现象严重，致使国家财力分散；增长过快，非税收入增长幅度远超过税收，造成企业经营环境和当地投资环境恶化。就其管理而言，非税收入决策过程缺乏民主性和透明度，收支两条线无法严格落实，征收主体多元化且过程不规范，支出使用缺乏有效监督，管理的信息化程度低且法治化建设薄弱。

在推进国家治理体系和治理能力现代化的背景下，实现国家治理体系和治理能力法治化是其核心内容。如今，世界范围内普遍认可的税收基本原则是税收法定原则，该原则在税收领域中不仅体现了民主法治精神，而且对保护纳税人的权益、约束国家的征税权起到了重要作用。尤其从党的十八届三中全会以来，对税收法定原则的落实更是得到了财税法学界的普遍关注。而政府非税收入，不是税收，但却是政府治理体系的一个部分，在治理体系与治理能力法治化进程中，必然要遵循法定原则，实现政府非税收入的立法。由于构成政府非税收入的内部各项收入在征收对象、征收时限、征收目标等方面与税收都完全不同，各项收入之间也具有巨大差异，如何实现政府非税收入治理法治化是当前急需解决的理论与实践问题。

本篇重点从政府性基金、行政事业性收费、罚没收入、国有资源资产有偿使用收入四大类，对非税收入的现状及法律特征、法治化现状、法治化存在的问题、确立非税收入法定原则的对策建议四个方面展开研究，以期为非税收入法定提供参考借鉴。从税赋公平和依法治国的角度看，非税收入必须法定，才能在收入科目设定、征收管理等环节实现公平，消除社会公众对非税的认识误区；从社会主义制度的市场与政府关系看，非税收入必须法定，才能充分发挥市场在资源配置中的决定性作用和更好发挥政府的作用，确保收入来源的稳定性；从非税收入构成的庞杂性、地区性和各项非税收入之间的功能差异性看，中央与地方的关系、地方与地方之间的关系、财权与事权的关系、公平与效率的关系、政府与市场的关系、政府各部门之间的关系等诸多关系直接决定着非税收入的功能与作用定位，有些非税收入是改革的产物，随着改革的深入，又成为改革的阻碍；有些非税收入产生于维护市场公平或提供公共产品而更好发挥政府作用的结果；有些非税收入产生于中央政府支持地方发展特定需要等。因此，非税收入法治化是一个循序渐进的长期过程，必须在系统思维下，长期坚持，久久为功。本篇的研究还只是总体性的、初步性的，后续研究应针对具体的非税收入项目展开法定原则研究。

二　政府非税收入的现状及法律特征

政府非税收入是指除税收以外，由各级政府、国家机关、事业单位、代行政府职能的社会团体及其他组织依法利用政府权力、政府信誉、国家资源、国有资产或提供特定公共服务、准公共服务过程中取得的、用于满足社会公共需要和准公共需要的财政资金，是政府财政收入的重要组成部分。其中，政府性基金收入、行政事业性收费、罚没收入、国有资源资产有偿使用收入功能各异，约占非税收入的80%，是非税收入的重要组成部分。

（一）政府性基金的法律特征

政府性基金，是指政府为了支持特定基础设施和公共事业发展向公民、法人以及其他机构无偿征收的具有专项用途的资金，在我国特定基础设施建设和公共事业的发展中扮演着非常重要的角色。政府性基金公共政策目的具有特定性，是为完成社会、文化及经济领域的特殊任务而存在的；其财政收入职能是次要的，主要功能在于平衡社会、文化、经济协调发展。同时，政府性基金的缴费义务主体具有特定性，仅限于与该特定公共政策目标密切相关的群体；资金用途具有专款专用性，收入仅用于其指向的实现特定政策目标的领域。

1. 政府性基金征收现状

按照地方政府债务管理有关规定，地方政府专项债务的收支纳入政府性基金预算管理。2020年，中央政府性基金预算收入下降10.6%，预算本级支出下降10.7%；地方政府性基金预算本级收入下降3.3%，预算支出增长39.8%。具体预算收支情况如下：中央政府性基金预算收入3611.41亿元，下降10.6%。加上上年结转收入180.04亿元和抗疫特别国债收入10000亿元，收入总量为13791.45亿元。中央政府性基金预算支出10788.95亿元，其中，本级支出2781.32亿元，下降10.7%；对地方转移支付8007.63亿元，主要是抗疫特别国债安排的支出增加。调入一般公共预算3002.5亿元。地方政府性基金预算本级收入77834.64亿元，下降3.3%，其中，国有土地使用权出让收入70406.89亿元，下降3%。加上中央政府性基金预算对地方转移支付收入8007.63亿元、地方政府专项债务收入37500亿元，地方政府性基金收入总量为123342.27亿元。地方政府性基金预算支出123342.27亿元，增长39.8%。汇总中央和地方预算，全国政府性基金预算收入81446.05亿元，下降3.6%。加上上年结转收入180.04亿元、抗疫特别国债收入10000亿元和地方政府专项债务收入37500亿元，全国政府性基金收入总量为129126.09亿元。全国政府性基金预算支出126123.59亿元，增长38%。调入一般公共预算3002.5亿元。

目前我国政府性基金征收项目如表1所示。

表1　　　　　　　　全国政府性基金目录清单

序号	项目名称	资金管理方式	政策依据	征收地区
1	铁路建设基金	缴入中央国库	国发〔1992〕37号，财工字〔1996〕371号，财工〔1997〕543号，财综〔2007〕3号	全国
2	港口建设费	缴入中央和地方国库	国发〔1985〕124号，财综〔2011〕29号，财综〔2011〕100号，财综〔2012〕40号，财税〔2015〕131号	全国
3	民航发展基金	缴入中央国库	国发〔2012〕24号，财综〔2012〕17号，财税〔2015〕135号，财税〔2019〕46号	全国
4	高等级公路车辆通行附加费（海南）	缴入地方国库	财综〔2008〕84号，《海南经济特区机动车辆通行附加费征收管理条例》（海南省人民代表大会常务委员会公告第54号）	全国
5	水利建设基金	缴入中央和地方国库	财综字〔1998〕125号，财综〔2011〕2号，财综函〔2011〕33号，财办综〔2011〕111号，财税函〔2016〕291号，财税〔2016〕12号，财税〔2017〕18号	河北、内蒙古、吉林、江苏、安徽、江西、山东、湖南、福建、重庆、云南、陕西、宁夏（向社会征收）
6	城市基础设施配套费	缴入地方国库	国发〔1998〕34号，财综函〔2002〕3号，财税〔2019〕53号	除天津以外
7	农网还贷资金	缴入中央和地方国库	财企〔2001〕820号，财企〔2002〕266号，财企〔2006〕347号，财综〔2007〕3号，财综〔2012〕7号，财综〔2013〕103号，财税〔2015〕59号	山西、吉林、湖南、湖北、广西、四川、重庆、云南、陕西
8	教育费附加	缴入中央和地方国库	《教育法》，国发〔1986〕50号（国务院令第60号修改发布），国发明电〔1994〕2号、23号，国发〔2010〕35号，财税〔2010〕103号，财税〔2016〕12号，财税〔2018〕70号，财税〔2019〕13号、21号、22号、46号	全国

续表

序号	项目名称	资金管理方式	政策依据	征收地区
9	地方教育附加	缴入地方国库	《教育法》，财综〔2001〕58号，财综函〔2003〕2号、9号、10号、12号、13号、14号、15号、16号、18号，财综〔2004〕73号，财综函〔2005〕33号，财综〔2006〕2号、61号，财综函〔2006〕9号，财综函〔2007〕45号，财综函〔2008〕7号，财综函〔2010〕2号、3号、7号、8号、11号、71号、72号、73号、75号、76号、78号、79号、80号，财综〔2010〕98号，财综函〔2011〕1号、2号、3号、4号、5号、6号、7号、8号、9号、10号、11号、12号、13号、15号、16号、17号、57号，财税〔2016〕12号，财税〔2018〕70号，财税〔2019〕13号、21号、22号、46号	全国
10	文化事业建设费	缴入中央和地方国库	国发〔1996〕37号，国办发〔2006〕43号，财综〔2013〕102号，财文字〔1997〕243号，财预字〔1996〕469号，财税〔2016〕25号，财税〔2016〕60号，财税〔2019〕46号	全国
11	国家电影事业发展专项资金	缴入中央和地方国库	《电影管理条例》，国办发〔2006〕43号，财税〔2015〕91号，财教〔2016〕4号，财税〔2018〕67号	全国
12	旅游发展基金	缴入中央国库	旅办发〔1991〕124号，财综〔2007〕3号，财综〔2010〕123号，财综〔2012〕17号，财税〔2015〕135号	全国

续表

序号	项目名称		资金管理方式	政策依据	征收地区
13	残疾人就业保障金		缴入地方国库	《残疾人就业条例》，财税〔2015〕72号，财综〔2001〕16号，财税〔2017〕18号，财税〔2018〕39号	全国
14	森林植被恢复费		缴入中央和地方国库	《森林法》，《森林法实施条例》，财综〔2002〕73号，财税〔2015〕122号	全国
15	可再生能源发展基金		缴入中央国库	《可再生能源法》，财综〔2011〕115号，财建〔2012〕102号，财综〔2013〕89号，财综〔2013〕103号，财税〔2016〕4号，财办税〔2015〕4号	除西藏以外
16	中央水库移民扶持基金	大中型水库移民后期扶持基金	缴入中央国库	《大中型水利水电工程建设征地补偿和移民安置条例》，《长江三峡工程建设移民条例》，国发〔2006〕17号，财综〔2006〕29号，财监〔2006〕95号，监察部、人事部、财政部令第13号，财综〔2007〕26号，财综〔2007〕69号，财综〔2008〕17号，财综〔2008〕29号、30号、31号、32号、33号、35号、64号、65号、66号、67号、68号、85号、86号、87号、88号、89号、90号，财综〔2009〕51号、59号，财综〔2010〕15号、16号、43号、113号，财综函〔2010〕10号、39号，财综〔2013〕103号，财税〔2015〕80号，财税〔2016〕11号，财税〔2016〕13号，财税〔2017〕51号，财办税〔2017〕60号，财农〔2017〕128号	除西藏以外
		跨省大中型水库库区基金			全国
		三峡水库库区基金			湖北
17	核电站乏燃料处理处置基金		缴入中央国库	财综〔2010〕58号	全国

7

续表

序号	项目名称		资金管理方式	政策依据	征收地区
18	地方水库移民扶持基金	省级大中型水库库区基金	缴入地方国库	国发〔2006〕17号，财综〔2007〕26号，财综〔2008〕17号，财综〔2008〕29号、30号、31号、32号、33号、35号、64号、65号、66号、67号、68号、85号、86号、87号、88号、89号、90号，财综〔2009〕51号、59号，财综〔2010〕15号、16号、43号、113号，财综函〔2010〕10号、39号，财税〔2016〕11号，财税〔2016〕13号，财税〔2017〕18号	广西、辽宁、浙江、湖北、吉林、福建、黑龙江、四川、甘肃、广东、河南、江西、贵州、海南、云南、山西、青海、重庆、陕西
		小型水库移民扶助基金			广西、辽宁、黑龙江、甘肃、河北、广东、河南、贵州、海南、山西、山东、重庆、云南、陕西
19	船舶油污损害赔偿基金		缴入中央国库	《海洋环境保护法》，《防治船舶污染海洋环境管理条例》，财综〔2012〕33号，交财审发〔2014〕96号	全国
20	废弃电器电子产品处理基金		缴入中央国库	《废弃电器电子产品回收处理管理条例》，财综〔2012〕34号、48号，财综〔2012〕80号，财综〔2013〕32号、109号、110号，财综〔2014〕45号，财税〔2015〕81号，财政部公告2014年第29号，财政部公告2015年第91号，国家税务总局公告2012年第41号，海关总署公告2012年第33号	全国
21	国家重大水利工程建设基金		缴入中央和地方国库	财综〔2009〕90号，财综〔2010〕97号，财税〔2010〕44号，财综〔2013〕103号，财税〔2015〕80号，财办税〔2015〕4号，财税〔2017〕51号，财办税〔2017〕60号，财税〔2018〕39号，财税〔2019〕46号	除西藏以外

2. 我国政府性基金的特殊性及其法律特征

通常意义上说，基金就是具有特定目的和用途的资金。政府性基金与税的共同性在于两者均具有资金的财政性、征收的强制性和无偿性，最大区别在于用途上，即税收用来满足一般公共产品需要，而政府性基金是为确保专项事业或特定产业的发展。虽然政府性基金属于非税收入的一类，但政府性基金也不使缴费人直接受益，所以具有"准税收"性质。

政府性基金与行政事业性收费存在较强的内在沟通性，都属于政府非税收入。在很长一段时间内，政府性基金被作为广义的收费来对待，二者在适用中存在交叉领域，但也存在以下不同：第一，政府性基金不与被征收主体发生直接管理或服务关系，行政事业性收费与提供具体服务或行使管理职责相联系；第二，政府性基金是无偿、强制的，行政事业性收费是对准公共物品的成本补偿；第三，政府性基金收入来源和形式多样，行政事业性收费只来源于被管理和被服务的对象；第四，政府性基金数额较大，严格实行专款专用，行政事业性收费数额相对较小，用于相关管理和服务；第五，政府性基金具有政府支持重大项目建设的特别目的，行政事业性收费并无此种特别目的性。

除征收管理的特殊性之外，政府性基金具有以下几个法律特征。第一，成文性。政府性基金是对自然人或其他组织征收的，是一种侵权性规范，必须采取成文法形式，以对课征要件作出明确规定，特别是必须以法律形式规定其缴费义务。第二，国家强制性。政府性基金征收是以无偿占有缴费义务人的财产或收入为主要目的，具有单方强制性，只体现国家单方面的意志，不体现缴费义务人的意志。国家的意志通过法律规定表现出来，只要当事人发生了政府性基金法律规范规定的应缴费的行为或事件，就产生了政府性基金征收法律关系。第三，权利义务关系具有一定的对等性。政府性基金的征收是国家无偿占有特定缴费义务人的财产或收益，目的是扶持或补贴特定行业的发展，征收的财产转移具

9

有双向特点。特定行业的缴费义务人有权在缴纳基金后申请相关部门用政府性基金通过国家财政补贴的形式来获得更好的发展机会。第四，缴费人与基金征收目的和使用之间具有某种事实或法律上的联系。政府性基金是以实现特定经济社会政策为目的，需专用于特定经济社会政策目的所指向的用途，不得满足一般国家财政需求，具有专款专用性。政府性基金缴费人是一个特别群体，与政府性基金所要实现的目的具有特殊关联。这种具有事实或法律上的联系性也将免除毫无关联的其他主体缴纳政府性基金的义务。这样能够很好地体现收益的直接性和受益与负担相一致的原则，能够真实地反映社会成员对准公共产品的偏好选择，从而促进这种准公共产品的有效供给，提高经济效率，实现社会福利最大化。[1]

（二）行政事业性收费

行政事业性收费是指国家机关、事业单位、代行政府职能的社会团体及其他组织根据法律、行政法规、地方性法规等有关规定，依照国务院规定程序批准，在向公民、法人提供特定服务的过程中，按照成本补偿和非营利原则向特定服务对象收取的费用。[2]

1. 行政事业性收费的特征

（1）主体的确定性。行政事业性收费的主体必定是有法律法规为依据的有收费职权的国家行政主体或者相关事业单位，又或者是得到国家或政府授权而获得收费职权的行政主体或事业单位等。现阶段，我国社会经济改革不断推进，政府转型继续深入探索，行政事业性收费的主体和范围都出现重大变化和不断调整，但收费主体依然离不开法律法规的规定或国家、政府的授权，只有依照相关法律法规规定或授权，才能

---

[1] 蔡丽楠：《政府性基金预算法律制度研究》，博士学位论文，郑州大学，2019年。
[2] 陈标：《行政事业性收费概论》，中国物价出版社1996年版，第4页。

成为行政事业性收费主体。

（2）依据的法定性。行政事业性收费的依据必定是国家颁布的法律法规，以及政府制定或审定并发布的规章制度。不仅是有职权可收费的收费主体资格，还有行政事业性收费主体的收费权限和实施收费行为的程序，均是由法律法规和政府及其授权单位发布的规章制度和其他规范性文件来进行规定和确定的。

（3）收费对象的特定性。每一个行政事业性收费项目和收费项目的缴费者都是特别限定、指定或规定的，凡不属于其限定、指定或规定范围的，都不属于其收费对象。从缴费者角度来看，每一项行政事业性收费项目的缴费者都是具体、明确规定的。只有直接消费或使用了政府及其部门单位的公共服务，且这些公共服务依照国家法律法规或规章制度的规定可以收取一定费用的，公共服务的消费或使用者才需要缴费。从政府角度来看，一是只有经过国家法律法规允许、国家或政府批准或授权的行政管理事项和事业服务事项才能收费；只有特定情况和条件下的行政管理和事业服务，才可以按照法律法规规定收取一定费用。二是对于国家法律法规允许和国家、政府批准或授权的行政管理事项和事业服务事项，一方面，只在某一环节或对某一项目才可以收取费用；另一方面，收费的标准有严格的限定，如仅限于部门成本补偿或工本费等，而不是以政府为提供该项服务的所支出的花费或市场原则来确定收费标准。[①]

（4）目的的成本补偿性。行政事业性收费目的上往往仅限于成本补偿。政府部门和单位提供的服务大都有明确的服务对象和受益对象，因而政府提供这些公共服务发生的成本耗费，应当按照谁直接消费、直接受益谁补偿的原则，由直接消费者或受益人承担起部分甚至大部分的服务成本；反之，没有直接消费服务或非直接受益的，就不负担。此

[①] 夏家福：《行政事业性收费的理论与实践》，安徽大学出版社1998年版，第76页。

外，除管理性和惩罚性收费之外，政府职能部门在行使其行政管理职能过程中，也为被管理者提供一定的特别服务，如证照、牌照等。由于这些服务是政府专门为其准备的，因而往往向其收取工本费或手续费。

2. 行政事业性收费的分类

根据不同的视角和角度，行政事业性收费有不同的分类方法。

根据收费性质分为行政性收费和事业性收费。行政性收费是指行政机关依法履行行政管理职能或者提供特定服务时，向行政相对人收取的费用，侧重于行政部门的管理职能；事业性收费指事业单位向公民、法人或组织提供公共服务时收取的费用，主要侧重于部门的服务职能。

根据收费原因的不同，可以分为特许金、规费、使用费和工程受益费。特许金是相对人为享有一些政府专门准予的权利而需支付的费用，如排污费等。规费是指向享受政府服务的相对人收取的特定费用，包括行政规费和司法规费，主要有证照费、诉讼费等。使用费是向使用或利用公共设施或资源的相对人收取的费用，如城市占道费、过桥费、过路费、国有土地使用权出让金等。工程受益费是指为满足地区居民的需要而在该地区兴建公共设施或工程而向使用这些设施的当地居民收取的费用。[1]

从收费的种类可以区分为行政管理类收费、考试类收费、资源补偿类收费、培训类收费、鉴定类收费、其他类收费等六类。其中，行政管理类收费指按照法律法规规定，在行使国家管理职能时，向被管理对象收取的费用；考试类收费指按照法律法规、国务院或省级政府文件规定组织考试收取的费用；资源补偿类收费指按照法律法规规定，向开采、利用公共资源者收取的费用；培训类收费指按照法律法规或国务院规定开展强制性培训收取的费用；鉴定类收费是按照法律法规规定，行使或代为行使政府职能强制实施检验、检测、检定、认证、检疫等收取的费

---

[1] 冯俏彬、韩博：《我国行政事业性收费的分类管理研究》，《财政科学》2019 年第 5 期。

用。《行政事业性收费标准管理暂行办法》对这六类行政事业性收费进行了详细的叙述,这种分类方式也是唯一由政府文件认可的分类方式。

根据收费管理权限的不同,可分为:中央审批收费项目、中央制定收费标准的行政事业性收费;中央审批收费项目、省级制定收费标准的行政事业性收费;省级审批收费项目、省级制定收费标准的行政事业性收费;省级审批收费项目、省级委托下级价格主管部门制定标准的行政事业性收费。

根据收费对象的不同,可以区别为涉企收费、涉农收费和其他收费。这是行政事业性收费日常管理中最常用到的分类方式,审批一项行政事业性收费首先要做的就是明确它的收费对象,评估它对收费对象的影响。[1]

行政事业性收费取之于管理与服务,最终也用于管理与服务,一定程度上解决国家财力不足的问题,提供社会和服务所需的经费,强化社会管理、改善与优化服务事业,促进社会协调发展。行政事业性收费的实施,可以转移收益并将参与国民收入的再分配,进而有效解决社会分配不公的问题,维持社会稳定。

(三) 罚没收入

作为非税收入的构成内容之一,罚没收入是指国家司法、公安、行政、海关或其他经济管理部门对违反法律、法令或行政法规的行为按规定课以罚金、罚款或没收品变价收入,以及各部门、各单位追回的赃款和赃物变价收入等。早在1998年,我国就对罚没收入的规模进行数据统计并记录到了统计年鉴中,发展至今,无论从绝对量还是相对规模的角度来看,罚没收入均已在非税收入中占据重要地位。目前,罚没收入主要涉及中央罚没收入与地方罚没收入。其中,隶属中央执法机

---

[1] 冯俏彬:《我国行政事业性收费的分类管理研究》,《社会治理》2019年第10期。

关的罚没收入，中央与地方财政各占一半；其余罚没收入全部归地方财政所有。[①] 从中央与地方的结构看，在罚没收入总体规模中，中央罚没收入占比均值约为4%，地方罚没收入占比均值约为96%。

1. 我国罚没收入的政策依据

2004年7月23日，财政部《关于加强政府非税收入管理的通知》出台，进一步明确了罚没收入的管理范围，要求罚没收入必须严格按照法律法规和规章制度规定收取，同时，加强罚没收入的票据管理工作。2016年3月15日，财政部印发《政府非税收入管理办法》，进一步加强了非税收入的征收和管理工作，其中，要求罚没收入必须按照法律法规和规章规定进行征收。2018年12月26日，为了进一步做好征收环节工作，《关于税务部门罚没收入等政府非税收入管理有关事项的通知》出台，要求各执法机构和单位进一步完善罚没收入填报工作。此外，为了进一步完善征收口径，规范征收管理，财政部于2010年取消了预算外收入，建立全口径预算制度，相对应的文件是《关于将按预算外资金管理的收入纳入预算管理的通知》。自此，罚没收入划归一般公共预算管理，同时受《预算法》的制约和监督。

2. 我国罚没收入的特点

罚没是国家实施社会管理的一项重要手段，与税收相同的是，两者都具有强制性和无偿性，但不同点在于，税收收入具有固定性，而罚没收入没有固定性。罚没收入对取得财政收入缺乏稳定可靠的保障，是财政收入的一种特殊形式。具体来看，罚没收入的特点包含以下三个方面。第一，强制性。罚没收入的取得具有明显的强制性特征，如行政处罚决定依法作出后，就具有法律效力，当事人应在行政处罚期限内无条件地履行。第二，无偿性。收取罚没款是执法机关对违法者的一种经济惩处方式，具有惩罚的性质，收取的罚没收入是无偿的。第三，不稳定

[①] 参见财政部《政府非税收入管理办法》（财税〔2016〕33号）。

性。罚没收入的取得不是稳定可靠的，按构成项目划分，罚没收入主要有罚款、罚金、没收财产、没收赃款赃物和追回赃款赃物等形式。①

3. 我国罚没收入的性质

罚没收入作为社会管理和再分配的法律措施与手段，就其目的而言，主要是维护社会秩序和进行社会再分配，它属于政府依据强制性权力对产生严重负作用的个体实施的经济惩罚。就其性质来说，主要包括以下三个方面。

（1）罚没收入是社会管理方式的副产品。罚没收入是执罚机关行使执罚权利，针对违法行为实施者执行的剥夺其财产权的法律制裁，属于非税收入，是政府对社会进行管理的一种方式。罚没收入区别于其他社会管理方式是因为管理手段的差异性，罚没收入通过罚款和没收违法所得实现社会管理，并取得了一部分政府收入。例如，交通违法处罚决定，其本身是一种行政处罚行为，属于政府对社会进行管理的一种方式，而罚没收入本身则是这种管理方式所产生的"副产品"，这种"副产品"不是社会财富的产物，而是以被处罚人利益损失为前提，具有强制性。

（2）罚没收入是基于违法行为产生的收入。执罚权力行使的前提是由于当事人的行为违反了相关的法律法规。执罚部门行使其执法权力与当事人违法举动具有直接因果关系。尽管执罚权力是依据国家法律、法规及规范性文件而行使的，是合法合规的权力，但"被处罚人具有违法行为"这个前提是不可替代的。

（3）罚没收入是解决社会外部负效应的产物。执罚机关的执罚行为是针对社会发展过程中所产生的负外部效应而设定的，这种负外部效应在一定程度上阻碍了社会良好的发展进程，收费和罚款是抑制外部负效应产生以及对受损害人员进行补偿的方法之一。依据政府所具有的行

---

① 聂少林：《地方政府非税收入管理创新研究》，博士学位论文，东北财经大学，2011年。

政强制力，通过收费和罚款的方式，减少经济活动中负外部效应的发生。因此，罚没收入的产生从表象上看是由于被处罚人的违法行为导致的，但从其产生的历史根源来看，罚没收入是解决社会负外部效应的产物。

（四）国有资源资产有偿使用收入

国有资源资产有偿使用收入是指有偿转让国有资源资产使用权而取得的收入，包括国有自然资源有偿使用收入、社会公共资源有偿使用收入和行政事业单位国有资产有偿使用收入。

1. 国有资源资产有偿使用收入细分

国有资产有偿使用收入包括国家机关、实行公务员管理的事业单位、代行政府职能的社会团体以及其他组织的固定资产和无形资产出租、出售、出让、转让等取得的收入，世界文化遗产保护范围内实行特许经营项目的有偿出让收入和世界文化遗产的门票收入，利用政府投资建设的城市道路和公共场地设置停车泊位取得的收入，及利用其他国有资产取得的收入。

国有资源有偿使用收入包括土地出让金收入、新增建设用地土地有偿使用费、海域使用金、探矿权和采矿权使用费及价款收入、场地和矿区使用费收入；出租汽车经营权、公共交通线路经营权、汽车号牌使用权等有偿出让取得的收入；政府举办的广播电视机构占用国家无线电频率资源取得的广告收入；以及利用其他国有资源取得的收入。

2. 国有资源资产有偿使用收入的法律特征

我国作为公有制为主体的社会主义国家，国有资源资产属于全体人民。人民性是基本制度特征，故而自然资源资产属于全民所有，人民授权政府行使管理职权。资源资产作为生产要素投入生产过程，能够产生收益，甚至是重要收益。资源资产的产权属于全民，因此，资源资产使用所产生的收益也属于全民，但资源资产的使用却只能是特定使用者，因而资源资产的使用必须是有偿使用，且要根据资源资产的可再生性和损耗来确定补偿，合理补偿性收费是避免"公地悲剧"的根本保障。公平性是有偿使用国有资源资产的基本原则。有偿使用法定和补偿标准法定是确保公平性和国有资源资产保值增值的原则。

三 政府非税收入的法治化现状

政府非税收入作为财政收入资金，2001 年以前长期使用"预算外资金"的概念和口径进行管理，2001 年财政部和央行颁布《关于印发财政国库管理制度改革试点方案的通知》首次出现"非税收入"一词，自此，政府非税收入管理体制改革理论与实务的探索在全国卓有成效地开展起来。2004 年财政部颁发《关于加强政府非税收入管理的通知》强调非税收入的重要性，并对非税收入的概念和范围进行界定。《2007 年政府收支分类科目》首次引入 103 类非税收入类级科目，标志着非税收入正式进入我国政府收入预算体系。此后，关于非税收入法律规制的规范性文件和地方政府规章日益增多。2015 年中央出台《深化国税地税征管体制改革方案》明确提出"税费统管"，要求推进非税收入法制化建设，健全地方税费收入体系。2016 年《政府非税收入管理办法》提出建立科学规范、依法有据、公开透明的非税收入管理制度。至此，我国部分省级地方人大或政府就非税收入管理颁布了专门的地方性法规或地方章程。

（一）政府性基金立法现状

在财政实践中，政府性基金长期以预算外、制度外资金的形式出现，与乱收费这类财政"三乱"现象也有难以割舍的复杂联系，一度沦为个别政府和部门滥用财政权、侵犯财产权的不正当财政工具。加强政府性基金立法，规范政府性基金的设立、征收、使用等基本行为，已成为财政领域中保障财产权的迫切需要。①

根据《立法法》的规定，财政基本制度应当制定法律。设立《政府性基金法》不仅可以规范政府财政权力合法行使，保障公民财产权，对于实现政府性基金发展特定事业的设立目标也大有裨益。然而，我国还没有专门针对政府性基金的法律，就目前全国性的几项政府性基金中，仅有五项政府性基金是依据法律设立，四项政府性基金是依据行政法规设立。具体如表2所示。②

表2　　　　　　　　　　　政府性基金设立情况

依据	项目
法律	教育费附加；地方教育附加；森林植被恢复费；可再生能源发展基金；船舶油污损害赔偿基金
行政性法规	国家电影事业发展专项资金；中央水库移民扶持基金；残疾人就业保障金；废弃电器电子产品处理基金
部门规章	铁路建设基金；港口建设费；国家重大水利工程建设基金；水利建设基金；城市基础设施配套费；农网还贷资金；文化事业建设费；旅游发展基金；地方水库移民扶持基金；核电站乏燃料处理处置基金
地方性法规	高等级公路车辆通行附加费（海南）

此外，政府性基金还存在不同层级之间法律、规章之间的冲突，相关法律、部门规章语焉不详、释义不明确的情况，以及我国宪法并没有直接规定我国公民有缴纳政府性基金的义务等问题。

---

① 何麒：《地方专项债运行机制及权责模式法律问题研究》，硕士学位论文，武汉大学，2018年。
② 财政部：《关于印发〈政府性基金管理暂行办法〉的通知》，2010年9月10日，中华人民共和国财政部（http://www.mof.gov.cn/mofhome/mof/zhengwuxinxi/caizhengwengao/2010nianwengao/wengao8/201011/t20101117_349215.html）。

（二）行政事业性收费法治化现状

2013年以来，国家力推"放、管、服"改革，清理收费是其中的重要内容之一。几年来，从中央到地方，都对本级收费特别是涉企收费进行了全面的清理整顿。据统计，中央设立的行政事业收费已经由185项减少到51项，减少的幅度达到70%以上，其中涉企收费由106项减少到33项，减少的幅度接近70%。各省设立的行政事业性收费项目，也在大幅减少。除了收费项目的减少，相关管理也有所强化。这主要表现在实行了"收费清单公示制度"，2017年6月29日，财政部在门户网站公布了中央和地方两级行政事业性收费目录清单"一张网"，各级政府网站上都能查到清理后的本级政府收费清单目录，实现了行政事业性收费项目全覆盖。另外，国家发改委于2018年6月29日发布了《行政事业性收费标准管理办法》，对各项收费标准作出了程序性规定。虽然前几年清理收费工作取得了重大成绩，但目前看，收费项目仍然偏多，且一些深层次的体制机制问题并未完全理顺，需要进一步深入研究。

2017年公布的收费目录清单，包括收费项目、执收部门、资金管理方式及政策依据等方面内容。

（1）49项收费涉及23个执收部门，体现了行政事业性收费的行政垄断性特征。目录清单中公布的中央行政事业性收费项目包括：教育、自然资源等2个部门各5项；外交、公安、住建、卫生、知识产权等5个部门各3项；交通运输、工信、水利、农业、民航、药监、保监等7个部门各2项；民政、林业、人防、法院、市场监管、体育、证监、仲裁、红十字会等10个部门各1项。此外，目录清单中的相关部门的考试考务费，还涉及25个部门3类101项具体收费。与2004年中央行政事业性收费305项、涉及执收部门58个相比，收费项目和执收部门大幅度减少。上述执收部门表明行政事业性收费的主体是国家机关或代行政府职能的相关机构，包括事业单位和社会团体；司法机关等其他非行政部门虽然不属于政府职能部门，但其收费具有行政事业性收费的基本特点，也纳入了行政事业性收费管理范围。实施行政事业性收费的主体即执收部门具有行政垄断性和排他性，未经法律授权许可，社会其他服务机构不具备提供该类特定服务的资格。因此，对行政事业性收费的严格监管是政府相关管理部门的重要职责。[①]

（2）446件收费政策依据和4种资金管理方式，反映了行政事业性收费区别于经营服务性收费的管理体制。目录清单中列出的收费政策依据共446件，平均每项收费对应超过9件。剔除重复政策依据仍有210件，其中，国家法律法规31件，中央国务院文件4件，部门规章规范性文件175件。收费政策依据既反映了收费对象的特定性，还反映出政府对行政事业性收费管理不同于经营服务性收费管理的现状。经营服务性收费没有收费立项审批环节，经营者只要按规定要求提供服务即具有相应收费资格；而对行政事业性收费实行收费立项与收费标准分离管理的方式，即收费项目立项以财政部门为主会同价格主管部门审批，收费标准以价格主管部门为主会同财政部门审批。目录清单公布的收费资金管理方式，包括缴入中央国库、地方国库、中央和地方国库、中央和地方财政专户等4种。这种收费资金管理方式要求行政事业性收费实行收支两条线，即行政事业性收费收入应按规定全额上缴国库或预算外资金财政专户，执收单位使用资金时，由财政部门根据需要统筹安排核准后，从国库或预算外资金财政专户拨付。因此，行政事业性收费主体不能像经营服务性收费一样量入为出，其收入来源并非直接的收费收入，而是财政拨付的资金。

（3）6类不同类型的收费，显示了行政事业性收费标准审核原则的

[①] 《财政部税政司有关负责人就全国政府性基金和行政事业性收费目录清单"一张网"答记者问》，《安徽水利财会》2018年第3期。

多元化。目录清单公布的收费项目中包括行政管理类、资源补偿类、鉴定类、考试类、培训类及其他共 6 类不同性质的收费。按照现行行政事业性收费管理相关规定，对执收单位按照补偿服务成本和非营利的原则，对不同性质的收费实行分类审核。其中，行政管理类收费中的证件、牌照、簿卡等证照按照印制发放的印制费用、运输费用、仓储费用及合理损耗等成本审核，印制费用按照招标价格确定。鉴定类收费标准，按照鉴定的场地费用、人员劳务费、仪器设备折旧、流动耗材损耗及其他成本审核。考试类收费标准，按照考务工作、组织报名、租用考试场地、聘请监考人员等组织考试的成本审核。培训类收费标准按照聘请师资、租用培训场地、编制培训资料、交通支出等培训成本审核。资源补偿类收费标准，参考相关资源的价值或者其稀缺性，并考虑可持续发展等因素审核；对开采利用自然资源造成生态破坏、环境污染或者其他环境损坏的，收费标准应当考虑相关生态环境治理和恢复成本。收费涉及与其他国家或者地区关系的，收费标准按照国际惯例和对等原则审核。

（三）我国罚没收入的法治化现状

随着我国经济体制改革的逐渐深入，财税法律体系的建构也在不断推进和完善。但作为财政收入重要组成部分的政府非税收入，虽然近年来在政府收入中的地位日益提高，重要性与日俱增，然而总体来看，由于受传统观念的影响和概念界定不清，我国政府非税收入的立法缺位现象较为严重，与税法相比尚显薄弱。罚没收入作为非税收入的组成部分之一，也不例外。以下针对罚没收入的法治化现状进行分析。

目前，在对罚没收入进行检索时，可以发现我国已有的涉及相关内容的法律法规涵盖各个层次，其中包含法律 20 部，行政法规 48 部，司法解释 9 部以及地方政府规章 421 部，如表 3 所示。

表3　　　　　　　罚没收入相关法律、法规及文件数量

类别	数量	法律、法规及文件
法律	20	《中华人民共和国税收征收管理法》等
行政法规	48	《国务院关于促进市场公平竞争 维护市场正常秩序的若干意见》等
司法解释	9	《最高人民法院、最高人民检察院关于适用犯罪嫌疑人、被告人逃匿、死亡案件违法所得没收程序若干问题的规定》等
地方政府规章	421	《河北省罚没收入审计暂行办法》等

除此之外，目前概括来看，我国罚没收入的标准主要包括限额罚款、倍数罚款和比例罚款三种形式，具体概念和规定如表4所示。

表4　　　　　　　　中国现行罚没收入的标准

罚没收入标准	概念	相关规定
限额罚款	直接限定罚款数额	例如《公司法》：对提交虚假材料或者采取其他欺诈手段隐瞒重要事实的公司，处以五万元以上五十万元以下的罚款。
倍数罚款	确定一个基准，以若干倍的方式，间接规定罚款数额	例如《食品安全法》：生产不符合食品安全标准的食品或者经营明知是不符合食品安全标准的食品，消费者除要求赔偿损失外，还可以向生产者或者经营者要求支付价款十倍或者损失三倍的赔偿金。
比例罚款	确定一个基准，以一定比例的方式，间接规定罚款数额	例如《城市房地产开发经营管理条例》：擅自预售商品房的，由县级以上人民政府房地产开发主管部门责令停止违法行为，没收违法所得，可以并处已收取的预付款的1%以下的罚款。

资料来源：于国安：《政府非税收入管理新探》，齐鲁书社2008年版，第48页。

罚没收入之所以作为一种社会管理方式的"副产品"而存在，理论依据就是为了矫正负外部效应。因此，罚没收入应当在阻止违法行为产生、降低社会外部负效应发生、保障人民群众生命安全等方面发挥作用。但从表3和表4呈现的相关内容可以看出，罚没收入的法治化存在

诸多不尽完善的地方，其矫正负外部效应的本质没有很好地展现出来，具体来看，具有以下三个方面的问题。

（1）罚没收入相关内容不集中，较为零散。现有的各类法律法规等基本都会出现"罚没"的一定内容，导致征收主体存在多元化的情况，如表5所示。①

表5　　　　　　　　中国罚没收入征收主体

序号	罚没收入	征收主体
1	政法机关罚没收入	公安、检察、审判等机关
2	行政执法机关罚没收入	工商、海关、物价、审计等部门
3	其他国民经济管理部门罚没收入	林业、渔政、烟草、外汇等部门

（2）罚没收入尚未形成完整的法律体系和统一的模式和框架。缺乏法律层面的约束，因此在各省、各行业均呈现各自的特点，罚没标准尚不明朗。比照税收征管体系来看，仍存在较多不足。例如，对于违反《中华人民共和国治安管理处罚法》的各类行为，法律规定中的处罚措施涉及罚没收入的，基本上以区间进行规定，不对具体金额作出规定。执收机关存在较大的自主判断空间，对同一违法行为的罚款理由与罚款数额均有所不同，最高差距可达150倍。

（3）罚没收入法规颁布时间较早，部分内容与现行针对罚没收入的管理不适宜，影响罚没收入管理的有效性。②此外，通过整理与归纳各省罚没收入的相关法规可以发现，罚没收入的分配方式主要为执法、执收机构对下一年的经费支出做出预算，并报予财政部门审核，但其在各级政府及部门之间分配的相关规定较为零散，对于如何进行具体分

---

① 刘寒波、易继元、郭平：《政府非税收入概论》，湖南人民出版社2015年版，第86页。
② 樊孟然：《浅析罚没收入管理制度》，《法制与社会》2016年第21期。

配、按怎样的比例进行分配等问题并没有形成统一的标准。

(四) 国有资源资产有偿使用收入的法治化现状

国有资源资产是国民经济与社会发展的物质基础，国有资源资产有偿使用收入是政府财政收入的重要组成部分。实行国有资源资产有偿使用，推行"使用者付费"制度，是市场经济国家的通行做法。近年来，随着经济和社会的快速发展，各地适应国有资源资产使用制度改革和政府非税收入管理工作的需要，积极探索国有资源资产开发、管理、使用的有效形式，不断加强和规范国有资源资产有偿使用收入管理，取得了初步成效。

建立与社会主义市场经济体制相适应的国有资源资产有偿使用制度，全面推进国有资源有度开发、有序利用、有偿使用，是贯彻落实科学发展观、实现经济社会又好又快发展的内在要求，也是推动经济增长方式转变，促进资源节约型社会建设，完善社会主义市场体制的重要举措。

20 世纪 80 年代初出现国有建设用地有偿使用制度，而后相继出现了矿产、水、海域海岛等国有自然资源有偿使用制度。2016 年国务院发布《关于全民所有自然资源资产有偿使用制度改革的指导意见》（国发〔2016〕82 号），这是国家层面就国有自然资源资产有偿使用的实践经验，针对土地、水、矿产、森林、草原、海域海岛 6 类国有自然资源不同特点和情况，分别提出了建立完善有偿使用制度的重点任务，突出体现了改革的整体性、系统性和协同性，是当前和今后一段时间推动各类国有自然资源资产有偿使用制度建设的纲领性文件。该指导意见要求完善国有土地资源有偿使用制度，完善水资源有偿使用制度，完善矿产资源有偿使用制度，建立国有森林资源有偿使用制度，建立国有草原资源有偿使用制度，完善海域海岛有偿使用制度。

为了规范和加强中央行政单位国有资产收入管理，防止国有资产流失，国务院财政部制定了《行政单位国有资产管理暂行办法》（财政部令第35号）。中央行政单位国有资产处置收入是指中央行政单位国有资产产权的转移或核销所产生的收入，包括国有资产的出售收入、出让收入、置换差价收入、报废报损残值变价收入等。事业单位国有资产包括国家拨给事业单位的资产，事业单位按照国家规定运用国有资产组织收入形成的资产，以及接受捐赠和其他经法律确认为国家所有的资产，其表现形式为流动资产、固定资产、无形资产和对外投资等。事业单位国有资产管理活动，应当坚持资产管理与预算管理相结合的原则，推行实物费用定额制度，促进事业资产整合与共享共用，实现资产管理和预算管理的紧密统一；应当坚持所有权和使用权相分离的原则；应当坚持资产管理与财务管理、实物管理与价值管理相结合的原则。事业单位国有资产实行国家统一所有，政府分级监管，单位占有、使用的管理体制。

四　政府非税收入的法治化问题

尽管目前我国非税收入管理正逐步趋向规范，但在实际管理过程中仍存在项目管理混乱、资金征收使用不规范、监督管理不完善等诸多问题。较多学者认为导致非税收入管理混乱的原因是多方面的，但制度和法律不健全是现实"瓶颈"。当前，指责非税收入缺乏统一的且效力层次较高的规范的呼声较高，认为非税收入作为财政收入的重要组成部分，但与税收相比，管理较为薄弱，至今尚未形成统一、成熟、规范的管理制度。[①] 我国现行非税收入政策大都以地方性法规或地方政府和国务院部门规章，以及政府部门的决定、办法、通知为主，缺乏严肃性和权威性，较低的法治化程度和滞后的法治建设导致地方政府在实际执行

---

① 王广庆：《地方政府非税收入态势与困境摆脱》，《改革》2009年第12期。

过程中随意性较大,[①] 在征缴非税收入时无法可依,在监督与问责时无章可循等问题。[②]

(一) 政府性基金收入存在的问题

当前,政府性基金收入设立审批中的程序正当性方面、预算管理法律监督方面以及征收使用方面存在的问题,亟待解决。

1. 政府性基金设立审批中的程序正当性方面存在缺陷

首先,我国政府性基金的设立没有达到程序法定的要求。理论上来说,政府性基金行政程序应当由法律作出规定,但我国没有行政程序法,仅有的《政府性基金管理暂行办法》在第二章专设"申请和审批程序",要求国务院所属部门、地方各级政府及其所属部门申请征收政府性基金按程序向财政部审批。但由于该办法是由财政部以部门规章的形式来发布的,而非最高权力机关制定的法律,从而可能造成财政部滥用权力,侵害政府性基金缴费义务人的权利。[③]

其次,我国政府性基金征收程序监督薄弱。我国《行政诉讼法》明确规定,违反法定程序的具体行政行为,法院判决撤销或者部分撤销,并可以判决被告重新做出具体行政行为。因此,征收机关只能依照法定权限与程序,并在法律规则约束下行使权力。当前的政府性基金缴费义务人对政府性基金征收机关行使权力的监督只能通过全国人大代表在人大会上行使,但这种监督是事后监督,且监督力度非常薄弱,对防止政府性基金征收机关滥用权力难以及时有效发挥作用。

最后,我国政府性基金设立征收程序不够公开透明。我国颁布的《政府信息公开条例》规定县级以上各级人民政府及其部门应当在各自

[①] 魏光明:《促进我国环境保护非税收入政策的思考》,《税务研究》2010年第7期。
[②] 刘剑文:《地方财源制度建设的财税法审思》,《法学评论》2014年第32期。
[③] 吴旭东、张果:《我国政府性基金的性质、规模与结构研究》,《财经问题研究》2014年第11期。

职责范围内确定主动公开的政府信息的具体内容，在重点公开的政府信息中包括行政事业性收费的项目、依据、标准。但财政部对于政府性基金的征收依据只列明文件号，具体文件内容无法直接查询，同时对除了公布的目录以外列入政府性基金预算管理的其他项目，绝大多数是以"其他政府性基金收入"一笔带过，至今仍无法知道或查询到政府性基金项目的确切数字。对于政府性基金的标准散见于各类文件，无法统一查询。[①]

2. 政府性基金预算管理法律监督方面存在不足

政府性基金属于财政收入，因此应当适合财政民主原则。财政民主，就是政府通过民主程序、民主方式来规范分配政府财政收入。因此，财政民主，不仅体现了宪政主义与法治主义精神，更体现了政治民主和经济民主的统一。财政民主的践行，对实现政府行为法治和公民权利保障都具有重大的现实意义。

作为一种重要的非税收入，政府性基金是逐渐纳入预算管理的。尽管政府性基金纳入了预算管理，但政府性基金预算并没有通过法律层面进行规制，现行的《预算法》第二十二条规定，"预算收入应当统筹安排使用；确需设立专用基金项目的，须经国务院批准。"只是说明了专用基金项目的审批权，并没有对政府性基金预算的明确表述和基本要求。虽然我国对政府性基金的预算有了很大的进步，但仍然存在不少问题。

首先，基金预算的编制不够细化。目前，基金预算编制普遍仍是沿用基数加增长、列收列支的编制方法，未细化到具体项目，基金预算难以科学、准确地反映政府性基金的收支状况，更难以清晰地反映基金的支出结构与方向。基本支出不能够反映出预算单位编制、人员、经费状况及其变化情况；项目支出也没有细化到具体项目和具体活动，政府基

[①] 崔岫昆：《政府性基金的规范化研究》，硕士学位论文，西南政法大学，2015年。

金预算的执行效果差，监管难以到位，使用效果不理想。

其次，基金收支预测科学性、准确性不高。由于政府性基金征收部门繁多，造成财政部门的基础数据资料不齐全，没有可信赖的基本数据库，对基金征收情况不能准确掌握，无法对基金的收支作出科学、准确预测，致使政府性基金预算安排随意性大、准确性低，预算执行可操作性弱。甚至同一数据，财政部和地方公布的都不一样，造成公众对数据的真实性产生怀疑和质疑。[1]

此外，部分省份还存在基金预算和决算数相差过大的问题。随着财政收入规模的快速增长，政府性基金收入增长速度较快，加之对政府性基金的使用管理不尽合理，中央政府和地方政府普遍存在着政府性基金结余较多的问题，结余资金过多，基金使用作用难以发挥，对重点事业的支持作用不明显。

3. 政府性基金在征收使用方面存在问题

根据《政府性基金管理暂行办法》第22条，政府性基金按照规定实行国库集中收缴制度，各级财政部门可以自行征收政府性基金，也可以委托其他机构代征，其代征费用由同级财政部门通过预算予以安排。基于上述规定，实践中绝大部分基金都是财政部门委托城建、国土、农业、公交、社保等相关职能部门代收。以价格调节基金为例，有的授权地方税务部门和价格部门征收，有的地方由归口管理单位直接征收。代收导致了代收部门未将代征的基金集中实行财政专户管理，而是先通过其开设在商业银行的账户再转交财政部门的情况，进而造成政府性基金的挪用与流失。征管主体多元，还导致各地征收标准不一。[2]

在政府性基金征收的时限方面，也存在诸多问题。首先，多数基金无明确的征收期限。在现有的29项政府性基金中，仅有5项规定了明

---

[1] 冯俏彬、郑朝阳：《规范我国政府性基金的运行管理研究》，《财经科学》2013年第4期。
[2] 朱柏铭：《厘定"政府性基金"的性质》，《行政事业资产与财务》2012年第3期。

确的征收期限，其他多为"在法律未作调整的情况下继续保留"，有些甚至未作任何说明。有些本应到期的政府性基金，常常以下发文件的方式延长征收期限，或者改头换面后继续征收。此外，部分基金还存在收取的时限过长的问题。在现有的政府性基金中，大多征收时间已超过十年，有违政府性基金临时性筹集资金的初衷。

由于政府性基金具有专款专用的特点，在我国现行体制下，政府性基金的征收和使用部门往往具有较大的自由裁量权，而财政部门的财政控制略显不足，财力部门化色彩浓厚，政府性基金在使用环节方面法律规制不完备，问题较多。首先，收支分离只是形式上的倡导，并未在实质意义上实行"收支脱钩"，执收部门仍把基金收入作为部门利益，维持着"谁收谁用、多收多用、多罚多返"的格局。其次，在支出环节，财政部门并未在支出前做审查，仅根据使用部门的请求拨付。审计署公告显示，财政部批复给使用部门的政府性基金数额常常远远高于实际使用金额。最后，财政部门在商业银行开设的基金收入专户中的资金余额巨大，财政部门并未将此项资金及时划缴国库统一管理，而是暂存在专户中不定期划拨。大量的财政资金长期处于国库之外，影响了财政资金的效用。[①]

（二）行政事业性收费存在的问题

当前，行政事业性收费价费不分造成管理上的混乱，有法不依、执法不严现象仍较为普遍，社会普遍关注收费相关信息尚未公开，现行收费管理体制已不适应时代发展要求。

1. 社会普遍关注收费相关信息尚未公开

一是行政事业性收费的收支情况没有公开。行政事业性收费收入情况可以反映每项收费的总体规模，是测算企业或社会负担的基础数据；

[①] 熊伟：《专款专用的政府性基金及其预算特质》，《交大法学》2012年第1期。

支出情况反映了管理服务的成本费用,是判断收费标准合理与否的重要指标之一。以成本为基础确定的收费标准,如果其收入明显高于支出,则表明有降低收费标准的空间;如若收不抵支,则预示收费标准将会提高,从而可以为社会提供可预期的信息。二是按国际惯例或对等原则确定收费的具体标准和接轨办法没有公开,社会监督缺少可以量化的指标和标准,不易消除社会公众的疑问。三是对执收部门的服务质量情况没有公开。政府有关部门在执收行政事业性收费的同时,也要向社会特定对象提供公共服务,执收单位是政府的窗口部门,服务质量直接关系政府的形象。特别是在减负降费的大背景下,企业担心降费后政府收费部门的办事效率下降,还可能增加企业的生产经营成本。

2. 现行收费管理体制已不适应时代发展要求

1998年实施的《价格法》提出,国家行政机关收费应当严格控制收费项目,限定收费范围和标准,收费的具体管理办法由国务院另行制定,但具体办法至今没有正式出台。收费目录清单中的政策依据有30多件还是20世纪90年代制定的,一项收费既要政府财政、价格部门在立项上联合审批一道,又要价格、财政部门在收费标准上再联合审批一道,一项收费至少要发两个批文的管理体制从改革开放初期一直沿用至今。繁复的审批过程,不仅增加了执收单位的管理成本,也占用了政府部门大量的行政资源。[①] 而且行政事业性收费专业性强,收费类别多,涉及领域十分广泛,仅仅依靠政府自身管理力量难以适应监管到位的需要,从而形成大量的历史性文件未能及时修订。同时,现行收费监管的重点侧重于事前审批,审批后的政策落实情况、执收部门服务质量与被收费对象对服务的满意度等,缺乏及时的跟踪评估,难以适应新时代服务型政府职能要求。随着"放管服"改革的深化,一些鉴定检验类收费,市场具有鉴定检验资格的主体不断增加,可以由其他市场主体通过

---

① 陈印辉:《深入推进行政事业性收费改革的思考》,《湖南水利水电》2018年第6期。

竞争方式自主选择鉴定机构，这部分收费应当适时转为经营服务性收费由市场调节形成，不再由政府审批。

3. 价费不分造成管理上的混乱

收费目录清单中的公办幼儿园收费、高中教育收费、中等职业教育收费、高等教育收费、殡葬收费、污水处理收费、垃圾处理收费、车辆通行费等行政事业性收费，同时也是列入政府定价目录管理的重要公用事业或公益性服务费用。[①] 由于行政事业性收费的管理体制及审批程序与价格管理不同，造成了管理上的混乱。一方面，按照《价格法》规定，价格审批属于政府主动行政行为，经营者可以向定价主管部门提出制定调整价格的建议，而不需要由经营者提出调价申请，但行政事业性收费作为行政审批事项要遵循《行政许可法》有关申请、受理及审批期限的规定，收费立项与收费标准的制定调整都需要向收费主管部门提出申请。因此，列入政府定价目录的行政事业性收费项目既要遵循价格管理有关成本调查监审、价格听证等规定，还要履行行政事业性收费审批管理的各项规定。另一方面，行政事业性收费的管理权限严格限定在中央和省两级价格、财政部门，管理权限不允许下放；而政府定价的管理权限在中央、省级政府有关部门及市、县人民政府，属于中央和省定价管理项目，可以按照权责一致的原则，通过修订政府定价目录将管理权限下放到市县，但现行收费管理体制却制约了定价权限的下放。

4. 有法不依、执法不严现象仍较为普遍

虽然很多地方都制定了地方性收费管理法规规章，但要真正做到有法必依、执法必严、违法必究是非常困难的。有些法规规章管理约束的对象是具有行政事业性收费权力的国家行政机关、司法机关及事业单位。[②] 一旦这些单位违反了行政事业性收费管理法规，有了违规收费行

---

① 贾小雷：《行政事业性收费清理之理论、效力及制度完善》，《首都师范大学学报》（社会科学版）2018 年第 4 期。

② 沈峰：《取消行政事业性收费关键在落实》，《人民法治》2017 年第 4 期。

为，物价部门的监督检查机构虽然有检查处理的权力，但是在实际执行中却存在检查难、处理难、收缴非法所得更难的情况，有法不依、执法不严的现象仍较普遍。地方性收费管理法规、规章也没能从根本上认真地纠正有关部门用收费来提升政绩的不良倾向。[①]

(三) 罚没收入的法治化问题

近年来，我国法治化进程不断推进，财税法制度的完善工作在有条不紊地进行，但相比税收法治的进展程度，针对罚没收入的法治化情况还很不乐观。尽管各级政府已经基本确立了法治建设的基本原则，但受各种环境和因素的制约，目前依然存在一些亟待解决的问题。以下进行较为详细的探讨和总结。

1. 立法层级较低，缺乏中央立法

从我国有关罚没收入立法的情况可知，虽然中央制定的直接规制罚没收入的法律文件已然不少，但遗憾的是，目前尚未形成完整、清晰、统一、规范的法律体系，总体上立法层次较低，不但没有一部由全国人大或全国人大常委会制定的法律，而且迄今为止法律层级最高的仍然是1996年颁布的《国务院关于加强预算外资金管理的决定》，其他大量的法规都是由财政部或几个部委颁布的《办法》《意见》《通知》之类的部门规章，其中又以效力等级最低、权威性最差的《通知》数量为最多。虽然效力覆盖各个部委和地方政府，但是鉴于罚没收入执收主体众多、征收项目繁杂、管理方式多样化的现实情况，单个部门的某一个简单的《通知》很难在权威性和执行力上与法律、行政法规相比。因此，各类征收主体的项目设立权、征收标准制定权、收入使用权等重要权能失去有效的监督和制约，一个部门仅凭某部法律中的某个授权条款就可

---

① 付彪:《取消行政事业性收费要"向纵深挺进"》,《新疆日报（汉）》2017年3月27日第3版。

以自行制定有关的征收办法,征收对象、标准、形式往往肆意规定,没有经过人大或政府的审议和批准程序,不少征收部门在其中基于利益相关者的地位而在规范性文件制定的过程中过多考虑部门利益,夹带私货,有的甚至下发各种"红头文件"乱收费,造成种种乱象。高层次立法缺失的情况下,普通公众不可避免地会对有关罚没收入征收的正当性和合法性产生质疑,进而开始抵触无论是合法还是非法的罚没收入的缴纳。

2. 罚没收入预算管理与其特点相矛盾

依据《政府非税收入管理办法》,非税收入是政府财政收入的重要组成部分,应当纳入财政预算管理,可以理解为执法、执收单位对下一年"罚没"的收入与支出做出的一种计划,做出罚没收入预算的前提是存在违法行为并对违法行为的数量进行预估。但实际上,罚没收入具有非普遍性、非固定性的特点,致使罚没收入下一年的收支指标难以预测。罚没收入预算的目标假定存在对执法、执收机构的负面激励,迫使其为了完成预算目标进行有倾向性的执法,最终影响执法的质量和效率。在编制预算时,执法、执收机构必然假设下一年会有违法行为的发生,"罚没"收支指标越高,说明执法、执收机构认为存在着越多的违法行为或者更为恶劣的违法事件。所以,编制罚没收入预算草案并审批,实际上就造成了执法人员实际工作的压力,从而引诱执法、执收单位及其人员为实现预算目标而调整执法力度。罚没收入预算实质上最终都会分配到执法人员身上,成为其必须完成的任务,若分配的执法任务多,执法人员将会严格甚至苛刻执法,将本可以进行批评教育的违法行为开罚单;若分配的任务少,执法人员可能会出于自身利益最大化的考虑对部分违法行为视而不见,最终使得罚没收入难以规范化管理。[①]

---

① 李卫民:《关于罚没收入预算的分析》,《人大研究》2014年第5期。

3. 收支两条线制度的效果未达预期

收支两条线，是指国家机关、事业单位、社会团体以及其他组织，将按照国家有关规定依法取得的政府非税收入，全额缴入国库或财政专户，支出通过财政部门编制预算进行统筹安排，资金通过国库或财政专户收缴和拨付的财政预算及资金管理制度。建立收支两条线制度的初衷之一是为了加强对罚没收入的管理，将政府部门的罚没权与资金使用权彻底分离，所有罚没收入都应全额上缴财政。收支两条线制度的实施确实在很大程度上斩断了政府部门与罚款间的利益纽带，对完善政府职能起到了不小的作用，但总体来看，还存在一些瑕疵有待改正。地方政府面临的财政压力可能导致收支两条线制度不能真正得到贯彻和实施。许多地方政府的财力无法满足下级政府部门的支出，只能通过规避"收支两条线"制度隐形地将收入返还给各部门。有些地方财政部门与执收、执罚单位之间形成了隐蔽的罚没收入分成制度，使城管、交通等部门堂而皇之地参与罚没收入的分成。因此，财政部门不一定能将上缴的罚没收入完全控制使用。

4. 罚没收入的使用违背其设立初衷

由于罚没收入相关法律文件中关于使用方面缺乏对财政属性的考虑，使得罚没收入的使用违背其设立初衷。罚没收入是行政执法手段的"副产品"，来源于对违法者的处罚，其设立的目的是制止和预防违法行为的发生。因此，罚没收入应当用于制止和预防违法、教育公民懂法守法以及对公共与私人利益受到损害的补偿方面。但是，目前我国罚没收入却主要被用于作为非税收入的来源、按一定比例返还罚没机关以及奖励相关人员方面，显然与罚没收入设立的初衷相背离。

（四）国有资源资产有偿使用法治化存在的问题

由于国有资源和资产的范围不够明确，对其有偿使用的性质认识不清，加上管理体制不顺、管理制度不健全、征管措施不力，致使国有资源资产有偿使用的范围比较小，市场化配置率比较低，国有资源资产的浪费现象在一些领域比较严重，有偿使用收入流失隐患较多，收入部门化、福利化的现象在一些地方比较突出。综合来看，由于受体制机制因素影响，国有资源资产有偿使用收入法治化方面存在许多需要完善的方面。

1. 中央和地方的权限如何划分，收益如何分配

现行国有资源财政收入分配体制下，中央与地方固定收入少、共享收入多，中央与地方分配关系不清晰，划分依据不合理。首先，中央固定收入没有应收尽收。特别收益金作为所有者获取国有资源"利"的收入，目前只对石油开采征收石油特别收益金，征收范围小，导致其他资源"利"的流失严重。其次，收费或基金等地方固定收入征收随意性大。地方征收部门在收入管理上缺乏约束和规范机制，存在随意立项收费的问题，破坏了国有资源行业平等竞争的市场环境。如有些省份在煤炭价格上行时期开征煤炭价格调节基金，但煤炭价格下行时期仍继续征收，违背开征目的，有的省份即使已经取消，但在执行环节仍有继续征收现象。最后，中央和地方共享收入划分不合理。现行共享收入的划分依据有两种：一是按比例分成，如矿产资源补偿费、探矿权采矿权价款；二是按登记管理层级划分，如探矿权采矿权使用费和共享的行政性收费，海洋石油资源税归中央也是依照后者。这两种划分依据都不尽合理，资源所有者和公共管理者两种身份在中央与地方财政收入划分中边界不明，导致现行收入分配模式条块分割，国有资源受益者集中于部分行业或地区，甚至更小的群体或个人。

2. 国有资源所有者收益未得到充分保障

首先，部分资源因为条例漏洞，管理不善，仍然存在无偿使用的情况。一方面是资源有偿使用制度范围较窄，目前仅在煤炭等矿产资源行业推行，并未覆盖所有自然资源，其他国有资源无偿使用现象较为普遍。另一方面是已经推行"有偿使用制度"的自然资源，由于管理成

本大、执行阻力强、开采企业寻租和法律制度滞后等原因，仍存在私自勘查开采和无偿占有情况。其次，国有资源转让管理存在漏洞，致使国有资产低价出让。在勘探权、开采权转让过程中政府干预过多，一般开采企业与垄断性国有资源开采企业实力悬殊，各利益部门寻租空间较大，存在不规范的审批出让、变更规划、串标、围标等现象，使国有资源廉价转让，没有达到完全有偿使用。最后，国有资源使用与生态补偿未挂钩。长期以来，政府采取各种途径对资源实行严格的价格管制，资源定价以及税费设计没有充分考虑生态成本，生态补偿机制缺失，导致资源价格不能全面反映市场供求，市场机制的优越性在资源领域得不到有效体现。

3. 不同收入形式功能定位不合理

首先，国有资源收入税、租、基金、费过于驳杂，收入形式名实不符。国有资源租、利、费、基金和税，在制度上应该划清边界，征收依据和功能各归其位。但是，现实中由于缺少综合的顶层设计，导致国有资源多种财政收入关系混淆，命名缺乏合理性。一是名为"金"实为"利"。石油特别收益金以石油开采企业的超额收入为征收对象，属于国家作为所有者参与资源"利"的分配的一种形式。二是名为"费"实为"税"，矿产资源补偿费对矿产资源普遍征收，与"费"的征收与受益范围有限性不符。三是名为"费"实为"租"，探矿权采矿权使用费以勘查年度计算，按区块面积逐年缴纳，其实质是"地租"。四是名为"价"实为"租"，探矿权采矿权价款实际上是通过转让矿业权一次或分期收取的"地租"。五是名为"费"实为"基金"，一些行政性收费（如草原植被恢复费）的受益对象不能限定为特定个体或机构，但有一定的群体有限性并实行专款专用，具有"基金"的性质。其次，各条例征收目的厘定不清，存在重复征收的现象。从非税收入的征收目的看，矿产资源补偿费、探矿权采矿权使用费和探矿权采矿权价款等都有体现促进资源勘查和开采的意图，而以保护环境为名目开征的税费项目重叠现象严重；从征收对象看，矿产资源补偿费与资源税重复课征；从计征依据看，原油和天然气均采用从价计征，造成重叠征收。

4. 征管主体的多元化问题

国有资源财政收入形式繁杂，管理方式各不相同，有的缴入中央国库，有的缴入中央和地方国库，有的则缴入地方国库或财政专户，管理混乱，具体可概括为以下三个方面。首先，征收部门各自为政。国有资源财政收入名目繁多，征管部门涉及财政、税务、国土资源、林业、环保、水利、海洋等部门，协调成本较大，导致租、利、费、基金和税之间缺乏联动机制，调节作用很难充分发挥，虽然当前税务部门征收的改革方向确定并在逐步推进，但国有资源资产类型多样，尤其是自然资源资产，从量征收还是从价征收都存在无法统一的问题。其次，没有做到专款专用。国有资源财政收入项目大多实行专款专用，但由于国有资源资产收入收支管理条块分割，规定较为笼统，缺乏有效监督机制，极易导致收支效率低下，滋生贪污腐败。最后，预算管理水平较低。尽管国有资源财政收入在预算管理方面都有相关规定，但国有资源收入体系复杂且大部分属于非税收入，存在部分收入未纳入预算管理、预算编制与实际执行偏差较大和预算监督疲软等问题。

五　确立政府非税收入法定原则的对策与建议

非税收入的资金筹集是国家机关行使公共权力的一种方式，而非税收入的设立和变更则体现国家意志。加快非税收入的立法进程是建设法治中国的重要内容。要坚持收费法定原则，将法治思维运用到各项改革事业中；要制定统一的非税收入管理条例，从项目审批、标准制定、征收管理、财政分配、资金使用等方面着手，将非税收入纳入社会监督体系，体现依法治国的目标，从而构建非税收入治理新格局。

（一）确立政府性基金收入法定的对策与建议

为提高政府性基金的法治化，应制定政府性基金法，完善政府性基金预算的编制方法，合理确定政府性基金使用范围，并加强责任追究和建立法律救济机制。

1. 制定政府性基金法

政府性基金立法对加快财税体制改革，建立对财政权力的约束与监督机制具有很好的示范作用，能够有效地保障政府性基金缴费主体的财产权，实现特定经济社会政策目标。同时，政府性基金法也能很好地解决现行政府性基金缴费义务无法律依据的问题。因此，现阶段，政府性基金立法条件已经成熟。我国虽然已经对政府性基金有多方面的规制，但效果并不明显。政府性基金立法模式可采用专门立法模式，专门制定《政府性基金法》，统一规定政府性基金的法律制度。

基于现有的问题，制定《政府性基金法》需要着重明确政府性基金的征收金额和征收时限。相较于支持政府日常性支出的税收，政府性基金更易于实施，更符合公共财政要求的以支定收的征收原则。因此，应在适当的时机对现有政府性基金进行清理，对于那些达到了预定征收金额、征收年限，甚至连续多年结余的基金，都应当及时停止，以免成为企业的长期负担；对那些征收金额极小的基金，要及时取消，避免"收费养人"的现象。[1]

但如果只是对政府性基金进行基本立法，必然会导致模糊授权，对征收机关或地方政府没有很强的法律规制效力，使得政府性基金缴费义务人的合法权利不能得到保障。因此，针对目前政府性基金反映出的种种问题，还需要通过立法对政府性基金项目的制定以及政府性基金征收主体两大方面进行规制。

---

[1] 陈融：《我国政府性基金法律问题探讨》，《政治与法律》2013年第1期。

在政府性基金项目的制定方面，政府性基金具体征收项目应由中央政府制定后报全国人大审定批准，并向社会征求意见。同时，取消其他法律法规对政府性基金的设立权。政府性基金项目具体确定流程可以由国务院依据政府性基金课征要件制定具体项目报全国人大审定，并由全国人大公布目录，以实现政府性基金由中央政府和全国人大共同负责。[①]

在政府性基金征收主体的规制方面，通过立法形式明确财政部门作为征收政府性基金的唯一职能管理部门，成为唯一的征收主体。考虑到征收实际，国务院可授权或委托税务部门作为政府性基金的代征主体，但所征资金须归财政部门管理，而不宜由税务机关委托代征收的政府性基金只能由财政部门征收。同时，考虑到事业单位的职能转变以及企业和社会团体在市场经济中的地位，应该取消事业单位、企业和社会团体的政府性基金的征收主体资格。

2. 完善政府性基金预算的编制方法

当前，政府性基金相关法律制度尚不完备，关于政府性基金预算的法律只散见于我国《预算法》中的一些简略规定，制定政府性基金预算法及其具体的管理条例是当前我国所缺少的。在专家论证、调研的基础上制定出一套切实可行的法律制度，真正地做到"有法可依"是我国政府性基金预算最重要的起点。

编制方法是政府性基金预算的编制前提，方法是否得当决定了预算过程及其支出过程的问题多少。目前我国对政府性基金预算的编制方式采用列收列支的方式，且在上年度预算整体情况的基础上采取基数加增长的方式。而在我国政府性基金每年都有可能发生变化的基础上，未具体细化的情况也是经常之事，这也是目前我国所有的预算编制方法中所出现的问题。因此，针对政府性基金可考虑采用增量预算编制。其优点

[①] 胡兰玲、曹玉雯：《我国政府性基金设立制度研究——以国家重大水利工程建设基金为视角》，《河北法学》2014 年第 32 期。

包括：减少了预算编制主体每年编制基金预算的工作任务，减轻相关部门的负担；避免各项生产经营业务和日常各级各部门的各项管理工作产生剧烈的波动。预算是稳步提升的，变化是循序渐进的。预算的编制主体能够在一个稳定的基础上编制他们的部门预算情况，编制系统相对容易操作和理解，容易实现协调预算。

3. 合理确定政府性基金使用范围

首先，应当确立政府性基金专款专用的基本原则。这是合理确定政府性基金使用范围的首要原则，也是与其他财政支出的区别之一。专款专用的使用原则也能规范基金的预算，避免基金使用单位将基金随意挪作他用。

其次，政府性基金使用与财政支出密切相关，应当受财政支出制度的制约。因此需要构建财政转移支付法律制度，从源头上遏制政府违法征收政府性基金行为。同时对各级政府的事权和财权的范围通过相应的法律程序加以规范。明确政府性基金是否可以设立质权，用作担保发行债券。还应当明确政府性基金是否能用作归还贷款本息的资金来源。同时应当明确规定政府性基金不得用于人员经费，使用单位的人员经费可通过财政其他拨款方式解决。

再次，基于目前政府性基金使用中呈现的涉及领域较广，并且各领域专业性较强，管理体系复杂等特征，立法机关在政府性基金法中不宜对其使用范围做过细的规定。因此，政府性基金的具体使用范围可以采用行政立法模式进行规制。在由立法机关对政府性基金使用范围作原则性规定外，应当由政府性基金管理部门通过行政立法模式进行规范，这是补充立法机关对政府性基金使用范围立法不足的必要方式。[①]

[①] 何麒：《地方专项债运行机制及权责模式法律问题研究》，硕士学位论文，武汉大学，2018年。

最后，在政府性基金管理方面，为解决财政部门对政府性基金使用的自用自管的行政化、计划化的弊端，可通过行政立法，设立政府性基金专项投资公司，将政府性基金的使用从财政拨款方式转向市场方式，通过设立市场主体来专门管理政府性基金，财政部门只作为基金的使用监管单位。

4. 加强责任追究和法律救济机制

人大、财政、审计等监督机关对政府性基金征收行为的主动监督固然重要，但赋予缴纳义务人有效的救济权显得更加迫切。通过法定的程序有效地行使救济权，可以倒逼征收主体纠正违法行为，使政府性基金的征收行为回到法治的轨道。为畅通缴纳义务人的权利救济渠道，切实保证救济权，可以从以下几个方面入手。

第一，要强化人大监督职能，限时办理对抽象征收行为的申诉。抽象征收行为涉及面广、影响重大，往往以地方人民政府的名义作出。上级政府职能部门虽然可以在对口业务领域给予下级政府指导，但并不具有直接领导关系，而人大作为国家权力机关，有权撤销同级政府作出的不适当的决定。当前，人大职能的发挥还远未达到应有的程度，应当大力加强人大对政府性基金抽象征收行为的监督，制定具体的审查工作规则，接受社会举报和缴纳义务人的申诉，并对每一件申诉案件限时作出书面决定或回复。

第二，要完善行政复议制度，提高行政复议决定的质量。当前我国行政复议的受案范围限定在具体行政行为，但对于作出该具体行政行为所依据的规定可以一并进行审查。行政复议机关一般为实施具体征收行为的征收主体的同级政府或上级对口部门，具有上级行政机关对下级行政机关的监督性质。对于政府性基金具体征收行为的行政复议案件，一方面应当完善行政复议制度，排除部门利益干扰，保证复议审查的客观独立性。另一方面应当严格依法审查，提高行政复议决定的质量，对于不合法、不合理的具体征收行为要坚决予以纠正。①

第三，要扩大人民法院的受案范围，确保司法权不受行政权的干预。目前，人民法院对于行政诉讼的受案范围还十分有限，抽象行政行为未能纳入司法审查的范围，行政诉讼立案难的问题还十分突出。但对于政府性基金的设立依据是否充分、设立程序是否合法、是否超过执行期限等抽象征收行为，人民法院完全具备审查判断的能力，理应纳入人民法院司法审查的范围。因此，应当扩大人民法院受理行政诉讼案件的范围，将条件成熟的政府性基金抽象征收行为纳入司法审查，并结合我国司法体制改革进程，推动人民法院依法独立行使审判权。②

（二）完善行政事业性收费法治化的对策

为完善行政事业性收费法治化，应完善行政事业性收费的立法，加强行政事业性收费项目的管理，规范行政事业性收费的征收，严格行政事业性收费资金管理，并完善行政事业性收费监督制度。

1. 完善行政事业性收费的立法

目前国内暂未出台一部专门的法律来对行政事业性收费进行规范和约束，各类行政事业性收费行为均是以国务院及其有关部门或各地方政府的规范性文件为依据。缺少部门法的规范和监管，行政机关在行使这一权力时缺少指引，容易导致自立项目、提高收费标准、扩大收费范围等乱收费现象。当然，这不是在地方层面所能解决的问题，只能由国家来对行政事业性收费进行立法，特别是对收费的原则、项目的设定、收费的主体等方面进行法律上的限制和规范，如此才能进一步有效控制收费的随意性，将行政机关的收费权置于法律的监督之下，从根本上解决当前的收费乱象。

---

① 陈发源：《我国政府性基金法律制度研究》，博士学位论文，安徽大学，2012年。
② 贾向丽：《我国政府性基金设立的法律规制》，博士学位论文，山西财经大学，2015年。

2. 加强行政事业性收费项目的管理

严格核定行政事业性收费项目，包括项目核定前的听取公众意见制度和项目设定后的评估制度。行政事业性收费涉及公民、法人和其他社会组织的切身利益，因此，公众参与应当成为设定行政事业性收费的一项原则。除了设定行政收费时，行政机关应当采取听证会、座谈会等形式，专门听取行政事业性收费的利害关系人的意见外，还应对已设定的行政事业性收费进行后期评估，再次检验该项行政事业性收费是否必要。评估可通过设定机关对行政事业性收费进行定向重点评估或委托社会中介组织对行政事业性收费实施的社会效果进行评估；通过征收机关对某项行政事业性收费的实际征收情况和有关行政管理或资源配置等职能变化情况开展评估，也可以通过行政事业性收费相关人员对行政事业性收费是否合理、收费标准和收费方式是否适当、征收机关是否履行职责等方面进行评议等方式进行评估。持续清理整顿现有收费项目。从目前情况来看，尽管经过多阶段的清理工作，行政事业性收费总额仍然较大，名目依然较多。清理整顿收费项目工作仍需继续开展。清理工作必须严格执行收费项目目录制度，对现行的收费，符合设定条件的、合理的保留，不符合设定条件的、不合理的坚决取缔。凡是没有法律法规规定可以收费的一律不得设立行政事业性收费项目，对没有法律法规依据且已经设立的行政事业性收费项目要坚决取消，责令收费单位立刻停止征收，维护社会公众的利益和行政事业性收费的权威。

科学设定行政事业性收费标准。要基于受益、公平、效率的原则，不断调整行政事业性收费的标准，防止收费标准制定的随意性。可以参考国外的经验，将"受益者负担"和"成本补偿"作为基本原则之一，结合不同类型的行政收费项目的特点来制定相关收费标准。如针对行政管理和公共服务的不同需求，来规定行政管理和公共服务类别收费标准，达到最终补偿成本的目的，并与社会承受能力相适应；资源补偿类收费标准则应当有利于促进环境保护、资源节约和有效利用。由于我国各地的经济社会发展水平不同,各地具体行政行为的成本和社会对行政事业性收费的承受能力也有差异,因此,应当由法律、行政法规规定全国统一的行政事业性收费标准。在没有统一规定的情况下,允许各地根据本地实际情况,制定行政事业性收费标准。此外,对行政事业性收费进行定期评估,关注收费单位的成本变化情况,全面了解企业社会公众的负担状况,若行政事业性收费的成本不高,社会面临的压力增加,可以依据"成本补偿"原则,制定适合的收费标准;相反地,当一项行政事业性收费成本升高、社会负担较轻时,要根据实际情况作出具体判断,调整收费标准符合实际,对行政事业性收费标准进行实时化和动态化调整,要改变之前收费单位处于被动的状况,采取多样性管理机制。①

3. 规范行政事业性收费的征收

行政事业性收费的征缴直接关系到公民的财产权益。目前,常用的行政事业性收费方式是现场支付或银行代收。缴费方式不够高效便民,不仅影响了征收机构的工作效率,同样给缴费人的缴费成本带来影响,也无形中加大了缴费人的困难。伴随着经济日益发展,人们生活水平的提高,缴费方式也应向多元化发展,可采取现场收费、银行代收收费方式与现金支付、刷卡支付、网上支付的缴费方式相结合的原则,既可以现金缴费,也可以刷卡缴费,或推行网上办理缴费等多种方式,提高办事效率,也为民众提供方便。②

为了扶助社会弱势群体或者特殊利益群体,构建和谐社会,推进服务型政府建设,有必要从法律制度上赋予一部分人享有减征和免征、缓缴行政事业性收费的权利。通过建立一个相对完善的行政收费管理体

---

① 罗文:《行政事业性收费清理及其价格监管研究——以福建省为例》,《福建商学院学报》2018年第6期。
② 贾小雷:《论我国行政事业性收费清理的法治化》,《中国矿业大学学报》2017年第19期。

系，分别规定实施减征和免征、缓缴的主体。如停止征收可作为取消收费项目前的一种过渡性措施，在收费项目取消或调整前，暂停向相对人征收相关费用；收费要考虑到收费对象的经济负担能力，不同经济状况的主体承担不同的收费，生活有困难的收费对象，可以享受减征或免征；对于因不可抗力导致收费对象无法在规定期限内缴纳行政事业性收费的，具备条件的缴费人可提供相关证明文件提出缓缴申请等。①

4. 严格行政事业性收费资金管理

管理好数额巨大的行政事业性收费资金，使行政事业性收费发挥出应有的补偿成本、优化资源、维护公平作用，是摆在行政事业性收费管理机构面前的一个重要课题。在行政事业性收费的管理方式方面，可借鉴发达国家的做法，对收费收入采取分类使用。

由于国外行政收费措施取得了巨大的成功，我国也可以采用专款专用的方式，杜绝原有行政事业性收费不规范的现象。收费单位对行政事业性收费的措施应该重点做出调整，促进收入与支出跳出相互关联的框架。行政事业性收费资金按照其性质实行分类使用，属于公共服务类和资源补偿类的行政事业性收费，只能用于发展有关的事业；属于行政管理类的行政事业性收费，在纳入财政预算管理后，最终财政部门发挥应有的作用，合理分配行政事业性收费，方便政府机关履行义务。与此同时，要重视政府集中采购制度和国库集中支付制度的完善，尽可能地避免收费单位泛滥性地收取资金，最终实现行政收费资金使用效率得到提升的目标。②

5. 完善行政事业性收费监督制度

要规范行政事业性收费行为，不仅需要完善有关法律法规进行规范，更重要的是强化监督机制。要建立行政事业性收费执法督查制和责

---

① 朱琴：《新时期行政事业性收费管理体制改革》，《低碳世界》2016年第25期。
② 李玮：《行政事业性收费管理问题及对策研究》，硕士学位论文，华南理工大学，2017年。

任制，把行政事业性收费执法部门的行为置于有关机关和全社会的有效监督之下，促使收费主管部门认真、严肃地查处违规收费行为，并建立违法收费的责任追究制度。同时，要广泛发动社会力量加大对行政事业性收费的监管力度，提高全民的行政收费法制观念，扩大城市社区价格监督网络。①

加强财政部门对征收机构的监督。财政部门对征收机构的监督主要包括建立健全行政事业性收费的票据管理与稽查制度，对征收机构的行政收费收入是否分类使用、是否实行收费公示、是否使用法定的收费收据、是否按时入库等情况进行监督检查。建立财政专户制度，加强对预算外资金的审查监督。预算外资金的支出必须由同级财政部门按预算外资金收支计划和单位财务收支计划统筹安排，从财政专户中拨付，严格实行收支两条线管理。

加强价格部门对征收机构的监督。价格部门应在职能范围内，认真做好收费标准的审核和备案工作，严肃查处各种乱收费行为，特别是针对征收机构擅自扩大收费范围、擅自提高收费标准等违法收费行为，应当及时查处。②

加强审计部门对征收机构的监督。审计部门的作用主要是评价财政资金管理的好坏以及使用是否符合法律的规定，换个说法，就是审计部门相当于行政事业性收费项目的监督者，一切行为都受审计部门的制约。审计部门应对行政事业性收费具体的收支实践情况，特别是借助收费票据，对收费机关的账户、收费收入的收缴等情况采取审查监督，以规范收费行为。

行政事业性收费的实施要接受公众的监督。行政机关应当继续加大政务信息公开的力度，公开有关行政事业性收费的各种信息，引导新闻

---

① 崔聪：《行政事业性收费管理问题研究》，硕士学位论文，山东大学，2016年。
② 张燕：《涉企行政事业性收费的检察监督模式探索》，《人民法治》2019年第21期。

媒体开展对行政事业性收费的监督，形成对行政事业性收费的强大舆论监督力量。另外，公民、法人和社会组织发现有关行政事业性收费违法行为的，有权向有管辖权的财政、价格、审计或监察部门进行举报投诉。相关部门在接到投诉、举报后，应当及时处理，并将处理结果回复举报投诉人。

（三）完善罚没收入法定的对策建议

法律制度是社会治理的基础，美国、新加坡、加拿大的罚没收入在相对完善的法律制度的支撑下实现了有效管理。与这些国家相比，我国罚没收入的法治化建设相对落后，缺乏法律层次的相关规范文件，造成罚没收入在征收、使用及监督等方面缺乏必要的依据。因此，为了解决现存的许多问题，应当加快罚没收入的法治化进程，将其纳入更加规范的运行轨道，使其回归维护社会正义与公平的职能。我国罚没收入的法律制度建构并不能在一朝一夕完成，需要循序渐进，逐步完善罚没收入的法律法规。

1. 构建和完善罚没收入法律体系框架

顶层设计对于一项具体制度的制定是必不可少的，如果缺乏框架体系的构建，那么具体制度的完善也将成为无本之木。探求罚没收入的法治化路径，首先需要初步构建和完善相关法律治理框架，然后在此基础之上细化相关制度，才能获得罚没收入法制建设的真谛。

应对罚没收入的概念作出明确的界定，分类规范各种罚没的征收依据、性质和功能，从中归纳出这些类别的罚没收入在项目设立、征收机构、征收标准和资金使用方面的共性，然后初步统一构建一个尽可能覆盖各类罚没收入的法律框架。鉴于我国罚没项目的复杂性和各地方法规的矛盾性，该法律框架的构建可以给各类罚没收入一定的缓冲期，在缓冲期内通过逐步整改而渐次吸收和纳入各类项目。具体来看，立法的主要形式或类型和立法层级应首先确定下来。用法律的形式进行规制是较为理想的目标,法律层级高、权威性强,对各类行政法规、部门规章和地方性法规能起到很好的指导和修正作用。但鉴于我国政府对包括罚没收入在内的非税收入领域问题的重视度无法和税收相比,在全国人大紧密的立法规划里尚无非税收入立法的踪影,因此短时期内出台非税收入方面的法律面临很多问题。相反,由财政部制定的《政府非税收入管理办法》,优点是财政部是主管部门,最熟悉非税收入领域的现状和存在的问题,由其制定相关管理办法速度快、效率高、更有针对性,但此种规定法律效力层级较低、权威性不足,可能导致执行力有所欠缺。

因此,本篇认为,国家出台宏观性的包括罚没收入在内的非税收入的法律规定,不但要考虑具体的规制内容,更应结合现实的立法环境和需要。从上文的分析可以看出,一步到位来制定法律的设想和屈就现实环境、追求"短平快"来制定部门规章的做法,都或多或少有其自身无法克服的弊端。目前来看,较为实际、更容易在各类利益主体中获得大致平衡和肯定的做法,应是采取近期、中期和远期,分三个阶段、分步骤稳妥推进的折中做法。首先,国务院应尽快出台类似于《政府非税收入管理办法》的行政法规,来对罚没收入进行进一步规制;其次,通过一定时期的运作,可以将比较成熟、争议性小的罚没收入法规上升为法律;最后,远期来看,当我国在罚没收入领域初步构建和完善了以程序性法律和实体性行政法规为主体的法律治理框架后,随着"依法治国"进程的深入,可以考虑制定一部全面的《非税收入法》作为引领一切非税收入法律法规的上位法。

2. 改进政府非税收入激励与约束机制

激励和约束是一个问题的两个方面,两者相辅相成,缺一不可。"激励起一个发动机的作用,约束起一个刹车的作用。"[1]为了修正"收支两条线"制度的缺陷,创建能够真正起到收支脱钩作用的激励与约

---

[1] 钱颖一:《激励与约束》,《经济社会体制比较》1999 年第 5 期。

束相容的机制，首先要确保财政部门有足够的经费拨付给执收执法单位，这需要改革罚没收入分成制度和建立科学合理的公共财政预算；其次，在制度重构的过程中，应根据罚没收入取得的总金额，在考核相关部门完成任务的基础上，要有对征收主体利益的刺激，以调动其收费的积极性，可考虑对完成预算的执收单位给予适当奖励。但是应当注意的是，对收费部门以前年度的收入考核首先应建立在合法收费的基础上，对于那些违法和非正规的罚没收入应立即从考核的统计数据中剔除出去。同时，对该部门的奖励不能体现到收费人员的个人福利上，而只能由整个部门通过新一年预算开支的提升来改善软硬件设施和环境，从而有更充分的动机去加强罚没收入的监管。为保证激励与约束制度的正常运作，还需要通过构建和完善诸如有关部门在相关方面的收缴责任、成本补偿和奖励方面的财政规章，明确各部门的工作目标、任务和奖惩办法，从而切实地减少过度收费和收费不足两方面的现象。

3. 建立罚没收入管理基金，实现专款专用

虽然罚没收入规模的相关数据早在1998年就被我国统计年鉴收录，但罚没收入仍然没有相关法律文件引导其使用方向，从而致使罚没收入的使用环节无法实现公开透明、专款专用。为实现罚没收入使用环节的规范化，可以尝试通过建立罚没收入管理基金的方式，将足额上缴财政的罚没收入进行管理，并遵循公开透明、专款专用原则，将每一笔罚没收入合理运用于对违法行为的预防、对社会公众的教育以及补偿违法事件中的受害者等方面。

4. 建立健全监督制约机制

当前，罚没收入管理不规范、执罚权力行使部门及其工作人员违纪行为较多，其中一个主要原因是监督机制不完善，执罚权力人的违规行为不能得到相应的惩戒，对责任人及单位负责人的责任追究不严厉，无形中降低了违法成本。因此，应切实加强罚没收入监管。包括：财政主管单位监管、人大监督、社会各界监督、审计的监督检查等，从而形成

较为完善的罚没收入监管制约机制，若罚没收入的资金使用出现违规操作，能够及时发现、追究责任并对违规行为进行矫正，提高资金的使用效率。

（四）完善国有资源资产有偿使用收入法定的对策与建议

完善国有资源资产有偿使用收入，应健全法律制度，统一实施国有资源有偿使用制度，厘清行政收费和政府基金的权益边界，合理定位资源税的征税目的，合理确定中央和地方对国有资源收益的分配关系，采用相互独立的财政预算管理制度，纳入统一的政府预算体系，并实现专款专用。

1. 健全法律制度

法规管理具有强制性、规范性和稳定性。国有资源资产有偿使用收入征管法律法规体系的建立可以有效保障征管工作的运行。国有资源资产有偿使用收入征管必须以法律为基础，做到依法行政、依法征收、依法管理。我国资源性国有资产收益的管理制度不断完善，国家也相继出台了一些法规。但目前，虽然相关职能部门制定了一些规范性文件，但法律级次低，尚未制定统一的资源类非税收入征管方面的法律或行政法规，难以为征管执行提供充分保障。今后，应完善资源类非税收入征管方面的法律架构，如制定《资源类非税收入征管法》，就资源类非税收入征收主体、对象、范围、性质、分类、立项、征收标准、管理包括资金管理、支出范围、监督等做明确规定，尤其应明确资源类非税收入分成制度设计、财政统筹调剂等。同时，根据地方的需要，对现行资源类非税收入资金管理制度进行规范，对阻碍改革和不再适应经济社会发展的政策法规予以修改或废止；对有助于征收潜力挖掘、规范和完善国有资源资产有偿使用收入征管工作的政策法规，要尽快研究和决策制定，最终形成包括立项制度、审批制度、征收制度、预算制度、减免缓制度、监督制度在内的较为完备的资源类非税收入法规制度体系。

2. 统一实施国有资源有偿使用制度

首先，统一征收"国有资源租金收入"。将在征收目的上体现国家对国有资源所有权的各种收入形式，统一定名为"国有资源租金收入"。将原有资源通过公开拍卖的市场交易方式提供给出价最高者，收取租金，以维护宪法和法律赋予全体人民对于国有矿产资源的权益。对已经以无偿或低价占用国有矿产资源的，要分期逐步补征一定期限内的国有资源租金收入。

其次，统一征收"国有资源特别收益金"。对于从事资源开采的垄断性国有企业征收特别收益金，将其因垄断获得的超额利润收归国库，以防止其通过各种形式转化为实际经营者的利益。除了目前已经对石油开采行业征收石油特别收益金外，对其他从事国有资源开采的垄断性国有企业，就其因价格超过一定水平所获得的超额收入按比例相应征收"国有资源特别收益金"。

3. 合理定位资源税的征税目的

如果开征资源税是为了保护生态环境，那么就要考虑是否或者能在多大程度上改进生态环境，要有一个可量化的检验标准，才符合正当性并且具有可行性。如果开征资源税是为了调节企业的利润，那么就要明确调节的具体数量目标和期限，以保证该目标具有可检验性。如果开征资源税是为了地方政府筹集用于提供普遍性公共服务的收入，那么就要使本地居民成为实际的税负承担者，而不能将负担转嫁给其他地区居民。而要做到这一点，并不容易。在条件成熟时，将矿产资源补偿费纳入资源税制度框架，实行费改税。

4. 合理确定中央和地方对国有资源收益的分配关系

在厘清国有资源的所有者收益和特定利益主体收益的基础上，合理确定中央和地方政府对国有资源收益的分配关系。将国有资源租金收入和国有资源特别收益金划归中央政府，以充分体现全民所有者权益；对于地方政府通过行政收费和政府基金方式筹集的收入，划归地方政府；

对于通过矿产资源补偿费和资源税等实现生态补偿目的的收入形式，结合环境损害的具体范围，确定中央、地方以及区域间政府共同分享的财政机制。

5. 采用相互独立的财政预算管理制度

由于来自国有资源的不同财政收入形式的征税目的不同，收入归属和用途不同，因此应该建立相互独立的财政预算管理制度。国有资源租金和特别收益金都属于国有资产所有权收益，应纳入国有资产经营预算范围；国有资源收费或基金要纳入政府性基金预算；资源税要专款专用，纳入政府专项基金预算管理。

6. 纳入统一的政府预算体系，实现专款专用

加强国有资源资产管理与预算管理、财务管理的结合，对国有资源资产有偿使用收入形成的可用财力，要纳入统一的政府预算体系。对国有资源资产有偿使用收入，财政部门除按规定安排相应的手续费（佣金）和补偿征收成本、管理费支出外，其余按照"取之于资源、用之于资源"的原则，主要用于国有资源的开发、建设和维护等支出。

Abstract: Non-tax revenue of the government is the fiscal revenue other than tax generated by the government in the process of exercising management functions, reflecting the government governance concept and governance mode under different system designs. In the process of the legalization of governance system and governance capacity, it is necessary to follow the principle of legality and realize the legislation of government non-tax revenue. In view of the fact that the internal revenue of non-tax revenue is completely different from tax revenue in the aspects of collection object, collection time limit, collection target, etc., and there are also huge differences among various incomes, differential legislation should be carried out based on the functional positioning and characteristics of non-tax revenue projects, so as to realize the legalization of government non-tax revenue governance. This paper from the governmental funds, administrative fees, punish confiscate, four categories of income paid use of state-owned assets, and the legal characteristics, the situation of non-tax revenue legal system present situation, the problems existing in the legal system, establish the countermeasures and Suggestions of non-tax revenue legal principle four aspects research, so as to provide reference for the non-tax revenue legal reference.

Key Words: Non-tax Revenue; Legal Characteristics; Statutory Principles; Differentiated Legislation

中国政府非税收入收缴管理审计研究

武 鹏 张 曼 徐 曼 夏 君
杜晓晴 熊易格 余刘伟 杨 珩[*]

摘要： 随着我国经济的快速发展，政府财政收入也随之不断增加，如何规范地征收和使用财政收入成为政府和学界关注的热点问题之一。非税收入作为财政收入的一部分，加强其收缴管理也是提升政府管理水平亟须解决的问题之一。非税收入收缴管理审计作为非税收入管理的重要内容，是强化非税收入管理的重要手段，能有效推进依法依规合理收缴非税收入的实现。本篇立足于我国非税收入收缴管理审计的现状，剖析并梳理既有非税收入收缴管理审计制度及流程中存在的问题与不足，提出推进数字化审计进程、完善审计程序等政策建议，以期为政府非税收入收缴管理工作的有序开展提供参考和借鉴，促进我国财政事业的健康发展。

关键词： 政府非税收入 收缴管理 审计

---

[*] 作者简介：武鹏，云南大学工商管理与旅游管理学院副教授；张曼，云南大学经济学院硕士研究生；徐曼，云南大学经济学院硕士研究生；夏君，云南大学经济学院硕士研究生；杜晓晴，云南大学经济学院硕士研究生；熊易格，云南大学经济学院硕士研究生；余刘伟，云南大学经济学院硕士研究生；杨珩，云南大学经济学院硕士研究生。

一 绪论

(一) 研究背景

过去十年来,我国经济发展速度经历了从飞速发展到平稳增长的阶段,为了调动各级地方政府的积极性,中央政府近年来逐渐对地方政府放权让利,特别是2011年以来国家出台多项措施简政放权、清费减负,但地方同中央之间财权和财力的博弈从未停止。近年来,因实体经济的下行压力,导致政府收入减缓,为缓解压力,部分地方政府加大了对非税收入的征收,非税收入成为地方政府调节收入的"蓄水池",增幅明显,占比不断提高。数据显示,2019年1—6月,全国一般公共预算收入107846亿元,同比增长3.4%。其中,中央一般公共预算收入51589亿元,同比增长3.4%;地方一般公共预算本级收入56257亿元,同比增长3.3%。全国税收收入92424亿元,同比增长0.9%;非税收入15422亿元,同比增长21.4%。(见图1) 非税收入在财政收入中举足轻重,是政府参与收入分配的有效形式。

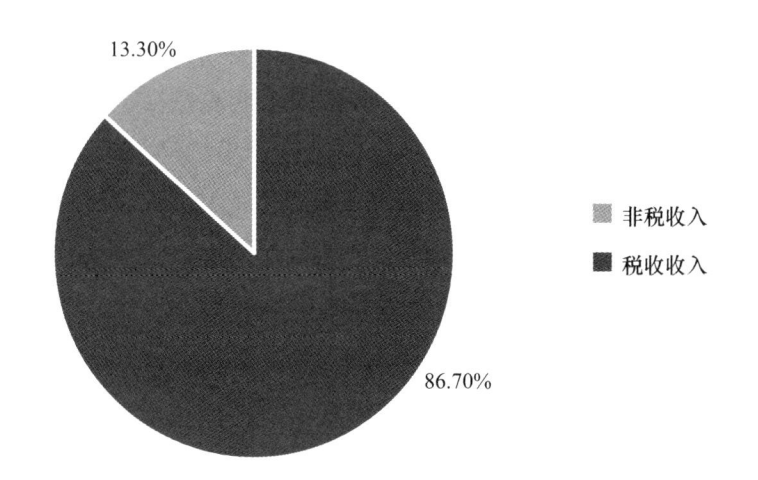

图1 2019年上半年全国政府非税收入占比

资料来源:中国财政部网站。

随着新一轮财税体制改革的加速推进，社会各界对非税收入管理改革予以高度关注。我国政府非税收入管理经历了分散管理、专户管理和"收支两条线"管理三个重要阶段，虽然政府非税收入收缴管理改革已经推进十几年，但是仍存在一些不规范之处。政府非税收入的管理乱象，对广大人民群众的根本利益以及政府公共收入水平都产生了不好的影响，因此对非税收入的收缴管理开展审计，可以保证非税收入及时、足额缴入国库或财政专户，维护良好的社会经济秩序。

（二）相关研究综述

非税收入是财政收入的重要组成部分，但相较于国内学者，国外学者对这方面的研究相对较少。国外学者的研究更多的是从使用费和规费的范围、依据、立法和资金使用角度进行研究，而不是对非税收入规范管理进行研究。如理查德·阿贝尔·马斯格雷夫认为，政府应对受益者的受益比重进行区分，在区分的基础上按照受益的多少收取成本补偿，避免某些人不付出就能享受相关服务，以提高这些准公共产品的供给效率。对准公共产品实行成本补偿，不会出现一些人没有付出就能免费享受相应服务和产品，即"搭顺风车"，从而能更有效率地提供公共产品和服务。蒂伯特和詹姆斯·麦基尔·布坎南指出收费可以避免由于消费者的增加使得俱乐部产品超过最佳承载量，造成消费者消费效益的下降。马歇尔和庇谷则对非税收入的范围进行了探讨，他们认为政府可以运用收费、税收和财政补贴来弥补由于外部性造成的不便，其中收费可以对负外部性造成的损失进行弥补。荷雷·阿尔布里奇研究发现美国在20世纪八九十年代通过采取收费来弥补财政支出的不足；当财政支出不足时，非税收入在满足财政收入中的作用大有可为。约翰·L.米克塞尔指出，非税收入内容繁多，涵盖范围广，这些收入虽然占比不高，但却为财政收入提供了一个新的来源途径。同时，对公共服务的收费，有助于提高社会在资源配置方面的效率，更好地体现公共服务的公平性。

国内学者对非税收入管理的研究相对较多，研究的范围主要从非税收入的定义、分类、管理中存在的问题和原因，以及非税收入收缴管理审计等多方面进行探讨。

在非税收入定义方面，国内学者认为非税收入范围广泛，包括所有除税收以外的财政收入。如贾康、罗刚认为扣除税收收入后剩余的政府收入即为非税收入。具体来说，包括行政事业性收费、政府性基金、罚没收入、国有资源资产有偿使用收入等。部分学者还认为，非税收入不仅应包括体制内的，还要包括体制外的非税收入。如王小利认为非税收入的范围较广，除了预算内（外）的非税收入，还应包含体制外的非税收入。[①]《财政部、中国人民银行关于印发财政国库管理制度改革试点方案的通知》（财库〔2001〕24号）文件中首次提出"非税收入"的概念。非税收入是指除税收以外，由各级政府、国家机关、事业单位、代行政府职能的社会团体及其他组织依法利用政府权力、政府信誉、国家资源、国有资产或提供特定公共服务、准公共服务取得的财政性资金，是政府财政收入的重要组成部分。

在非税收入的分类方面，《财政部发布关于加强政府非税收入管理的通知》（财综〔2004〕53号）明确了非税收入的管理范围。2016年财政部发布《政府非税收入管理办法》（财税〔2016〕33号）对非税收入的概念进行了新的界定，将非税收入明确为行政事业性收费、政府性基金、国有资源有偿使用收入、国有资产有偿使用收入、国有资本经营收益、彩票公益金、罚没收入、以政府名义接受的捐赠收入、主管部门集中收入以及政府财政资金产生的利息收入等12项，同时对非税收入设立、征收、票据、资金和监督管理等活动做出了相关规定。根据财政部《2018年政府收支分类科目》，非税收入具体分类如下：（1）一般公共预算收入，其中包含：专项收入、罚没收入、行政事业性收

[①] 王小利：《我国政府非税收入体系的基本特点分析》，《中央财经大学学报》2005年第3期。

费、国有资本经营收入、国有资源资产有偿使用收入、政府住房基金收入、捐赠收入、其他收入；（2）政府性基金预算收入中包括：政府性基金收入、专项债券对应项目专项收入；（3）国有资本经营预算收入中包括：国有资本经营收入；（4）未在预算中反映的收入：教育收费。

关于非税收入管理中存在的问题，国内学者认为主要有：一是非税收入范围过广，一些不规范管理行为时有发生；二是人们在思想上对非税收入的理解也存在一定偏差；三是财政部门职责不清。如汪建国认为非税收入存在的主要问题是管理范围不够广，部分非税收入未纳入管理中；执收行为中乱作为、胡作为现象较多，严肃性不强；虽然投入大，但在管理成效取得方面不尽如人意，与非税收入管理现代化的要求不匹配。[①] 潘明星等认为非税收入管理存在的问题是非税收入认识方面存在偏差、非税收入项目过多、非税收入征管主体分散、管理法制不健全。[②] 包崇金认为非税收入主要是财政部门分工不完善、部门预算收入和支出未实现真正脱钩。

在谈到非税收入管理中存在问题的原因时，国内学者认为原因是多方面的，既有体制内的也有体制外的。如贾康、刘军民认为在转轨过程中，非税收入来源渠道多、增长快的原因相当复杂，既要从体制内找原因，也要从体制外寻求不足。[③] 王小利认为非税收入管理中存在的问题主要是政策制定、征缴体制、征缴部门、监督管理等四方面。[④] 谭立认为非税收入收缴主体不统一，行为不规范；法律规范层级低，不统一；结构未能覆盖所有非税项目。[⑤] 雒妩珍、宋和平认为目前非税收入收缴环

---

① 汪建国：《政府非税收入管理创新的路径选择》，《财政研究》2005年第1期。
② 潘明星、匡萍：《创新政府非税收入管理方式的思考》，《公共经济》2005年第2期。
③ 贾康、刘军民：《非税收入规范化管理研究》，《税务研究》2005年第4期。
④ 王小利：《我国政府非税收入体系的基本特点分析》，《中央财经大学学报》2005年第3期。
⑤ 谭立：《政府非税收入收缴管理原则与完善措施》，《中央财经大学学报》2014年第3期。

节多，入库速度慢，财政专户滞留时间长以及系统维护不及时等问题。[①]

在非税收入收缴管理审计方面，由于我国在预算体系以及非税收入概念界定上往往与国外差异较大，而且我国非税收入中还包含土地出让金。因此，我国的非税收入收缴管理审计往往与国外有所不同，本篇对于非税收入收缴管理审计研究的现状梳理主要集中在国内。

国内关于非税收入收缴管理审计研究较少，杨静认为审计部门开展非税收入收缴管理，应掌握立项审批、征收管理、资金管理、票据管理、减免缓征管理等各个环节的业务流程和控制节点。[②] 毛小军认为在"收支两条线"审计中应重点关注资金来源、资金使用、资金管理以及预算外收支计划编制；同时在审计方法上可以采用：（1）审查收费文件及收费许可；（2）审查收费票据；（3）审查收入明细账；（4）审查银行账户、余额调节表；（5）审查支出原始凭证。[③] 王双全认为对于非税收入审计应该注重国库缴款与财政专户相结合、审计收入收缴与审计支出相结合、审计财务与审计政策相结合以及审计财务与内外部调查相结合。[④] 蒋奕则提出将数据挖掘应用于非税收入审计中，对非税收入中的征缴数据进行分析，从相关关系出发，在海量数据中发掘新的审计证据。[⑤]

综上所述，国外学者更侧重于从收费的依据、收费效果等方面进行研究。而国内学者对非税收入的研究则相对广泛，既从非税收入范围进行研究，也探讨了非税收入管理中存在的问题和原因，并从多角度对规范非税收入管理进行了研究，对非税收入收缴管理的审计方法进行了研

---

① 雒妩珍、宋和平：《非税收入收缴管理过程中存在的问题及建议》，《时代金融》2008年第36期。
② 杨静：《政府非税收入收缴管理审计方法》，《中国审计报》2012年第10期。
③ 毛小军：《"收支两条线"审计的内容和方法》，《中国审计报》2013年第4期。
④ 王双全：《非税收入的现状与审计》，《现代审计与经济》2017年第51期。
⑤ 蒋奕：《数据挖掘技术在非税收入审计中的应用研究》，博士学位论文，南京邮电大学，2017年。

究。但目前在非税收入研究方面也存在一些不足,主要有:一是对理论研究较多,实证研究较少。学者们多是从理论角度对非税收入进行研究,缺少对非税收入收缴管理审计进行实证研究;二是对非税收入收缴管理审计的研究仅在资金、业务流程等方面进行审计,缺乏对非税收入收缴管理的内部控制制度、审计理论以及审计政策等方面的规范研究。

二 非税收入收缴管理的现状

(一) 非税收入收缴管理的范围和政策

1. 非税收入收缴管理范围

《财政部关于加强政府非税收入管理的通知》(财综〔2004〕53号)首次提出了非税收入的概念。2016年财政部发布《政府非税收入管理办法》(财税〔2016〕33号)对非税收入的概念进行了新的界定,将非税收入定义为12项,并对非税收入设立、征收、票据、资金和监督管理等活动做出了相关规定。根据财税〔2016〕33号文,非税收入,是指除税收以外,由各级国家机关、事业单位、代行政府职能的社会团体及其他组织依法利用国家权力、政府信誉、国有资源资产所有者权益等取得的各项收入。具体包括:(1)行政事业性收费收入;(2)政府性基金收入;(3)罚没收入;(4)国有资源资产有偿使用收入;(5)国有资本收益;(6)彩票公益金收入;(7)特许经营收入;(8)中央银行收入;(9)以政府名义接受的捐赠收入;(10)主管部门集中收入;(11)政府收入的利息收入;(12)其他非税收入。

2. 非税收入收缴管理相关政策

《政府非税收入管理办法》中规定非税收入实行分类分级管理,财政部负责制定全国非税收入管理制度和政策,按管理权限审批设立非税收入,征缴、管理和监督中央非税收入,指导地方非税收入管理工作。

县级以上地方财政部门负责制定本行政区域非税收入管理制度和政策，按管理权限审批设立非税收入，征缴、管理和监督本行政区域非税收入。虽然部分省市已经发布了非税收入管理条例，大部分省市发布了相关的政府规章，但并未有一部系统全面规定非税收入收缴管理的全国性法律或行政法规。

根据《政府非税收入管理办法》设立和征收非税收入，应当依据法律、法规的规定或者按下列管理权限予以批准：（1）行政事业性收费按照国务院和省、自治区、直辖市（以下简称省级）人民政府及其财政、价格主管部门的规定设立和征收。（2）政府性基金按照国务院和财政部的规定设立和征收。（3）国有资源有偿使用收入、特许经营收入按照国务院和省级人民政府及其财政部门的规定设立和征收。（4）国有资产有偿使用收入、国有资本收益由拥有国有资产（资本）产权的人民政府及其财政部门按照国有资产（资本）收益管理规定征收。（5）彩票公益金按照国务院和财政部的规定筹集。（6）中央银行收入按照相关法律法规征收。（7）罚没收入按照法律、法规和规章的规定征收。（8）主管部门集中收入、以政府名义接受的捐赠收入、政府收入的利息收入及其他非税收入按照同级人民政府及其财政部门的管理规定征收或者收取。取消、停征、减征、免征或者缓征非税收入，以及调整非税收入的征收对象、范围、标准和期限，应当按照设立和征收非税收入的管理权限予以批准，不许越权批准。

另外，非税收入可以由财政部门直接征收，也可以由财政部门委托的部门和单位（以下简称执收单位）征收。

（二）非税收入收缴管理流程及存在的问题

1. 收缴管理基本流程

非税收入收缴管理的流程为：（1）执收单位向财政部门领购非税收

入票据；（2）执收单位按照收费项目向缴款人开具非税票据；（3）交款人通过银行柜台、收费点 POS 机刷卡等方式完成缴款；（4）非税代理银行依据非税票据、非税系统记录的开票信息、资金到账情况处理相应业务，日终将资金划入非税专户，非税信息于次日 10 点前上传系统；（5）非税系统对银行上传的数据进行核对清算，完成后将确认无误的数据推送至财政大平台，将收取的资金直接计入代收银行营业部开设的非税财政专户；（6）财政部门收到非税收入票据后，填制记账凭证，定时上缴国库。

非税收入收缴管理基本流程如图 2 所示。

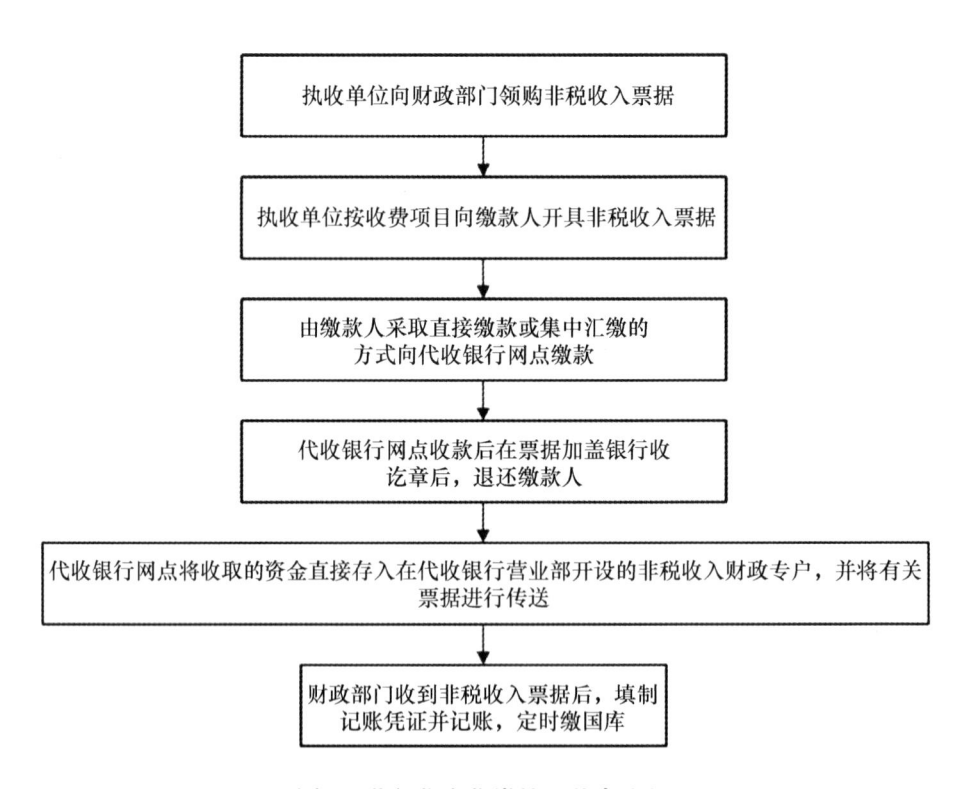

```
执收单位向财政部门领购非税收入票据
            ↓
执收单位按收费项目向缴款人开具非税收入票据
            ↓
由缴款人采取直接缴款或集中汇缴的
方式向代收银行网点缴款
            ↓
代收银行网点收款后在票据加盖银行收
讫章后，退还缴款人
            ↓
代收银行网点将收取的资金直接存入在代收银行营业部开设的非税收入财政专户，并将有关
票据进行传送
            ↓
财政部门收到非税收入票据后，填制
记账凭证并记账，定时缴国库
```

图 2 非税收入收缴管理基本流程

在非税收入收缴银行网点的非税财政专户之后，通过银行网点采用

直接缴库或者集中汇缴的方式将非税收入缴入国库单一账户或者财政专户，如图3所示。

财政收入的收缴分为直接缴库和集中汇缴两种方式。以非税收入收缴为例：

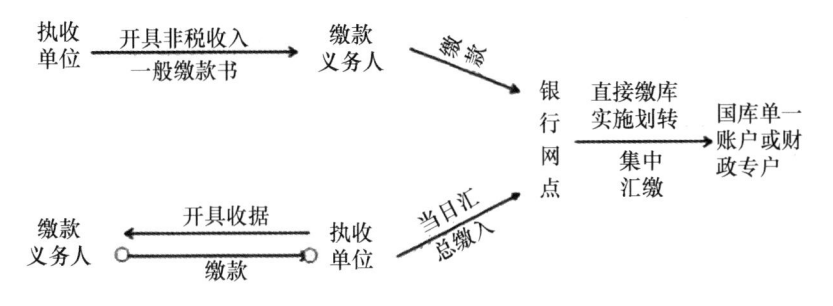

图3　非税收入缴库流程

目前，随着相关制度的不断完善，政府强化了对政府非税收入的收缴管理，非税收入收缴管理日渐规范，主要体现在以下几个方面。

（1）电子化程度高。2017年财政部印发《关于加快推进地方政府非税收入收缴电子化管理工作的通知》（以下简称《通知》），要求地方各级财政部门应当积极创造条件，加快推进收缴电子化管理工作，争取在"十三五"期间全面实现政府非税收入收缴电子化管理。根据财政部不完全统计，截至2019年，50%的省份开展了收缴管理全面电子化工作。例如，四川省财政厅按照财政部《通知》和2018年全国国库工作会议要求，加快推进非税收入收缴电子化管理改革。2019年1月28日，四川省外事办开出全省首笔《四川省通用电子缴款通知书》，前来办理领事认证业务的朱女士在农业银行网点办理了第一笔非税电子化缴款业务。

非税收入收缴电子化管理与传统"银行代收"方式发生了重大变化。一是缴款人可以通过缴款识别码，使用银行柜台、POS机、网银、微信、支付宝等快捷缴费方式缴款，并实现了本省非税收入在全国范围的多渠道解缴。二是数据全程共享。采取执收单位、代收机构、财政部门三方数据互联互通，使非税收入收缴信息实时共享，对应收、已缴、分成、退付、纠错、开票等管理将实现全流程电子化，对账也更加精细。

（2）财政票据广泛应用。非税收入通用票据，是指执收单位征收非税收入时开具的通用凭证。非税收入专用票据，是指特定执收单位征收特定的非税收入时开具的专用凭证，主要包括行政事业性收费票据、政府性基金票据、国有资源资产收入票据、罚没票据等。非税收入一般缴款书，是指实施非税收入收缴管理制度改革的执收单位收缴非税收入时开具的通用凭证。

财税〔2016〕33号文，对非税收入的票据管理作出了具体规定：各级财政部门应当通过加强非税收入票据管理，规范执收单位的征收行为；非税收入票据实行凭证领取、分次限量、核旧领新制度；执收单位使用非税收入票据，一般按照财务隶属关系向同级财政部门申领；执收单位征收非税收入，应当向缴纳义务人开具财政部或者省级财政部门统一监（印）制的非税收入票据；对附加在价格上征收或者需要依法纳税的有关非税收入，执收单位应当按规定向缴纳义务人开具税务发票；非税收入票据使用单位不得转让、出借、代开、买卖、擅自销毁、涂改非税收入票据；不得串用非税收入票据，不得将非税收入票据与其他票据互相替代。从财税〔2016〕33号出台以后，财政票据基本上已经实现了全覆盖。

2. 非税收入收缴管理存在的问题

虽然非税收入收缴管理日趋完善，但仍然存在着一些不足之处。主要有以下几点。

（1）非税收入预算约束力不足。虽然纳入预算管理的非税收入基本上是由各主管部门自行安排收支计划，但财政部门没有对其进行强有力监督。非税收入的大部分没有纳入预算管理，对于其分配使用没有明细的方案，形成事实上的主管部门二次分配和整个预算年度的调整，预算的约束力不强，执行随意，导致预算缺乏刚性。

（2）征管分散，征收体制尚未理顺。非税收入征管过于分散，资金管理不到位。我国目前政府非税收入的收缴管理受部门利益的制约，收缴管理主体难以统一到财政部门。征收主体过于分散，形成了多方征收、多家使用、多头管理的格局。与此同时，非税收入征收体制尚未理顺。目前非税收入的征收在一些部门还是条条管理，以地方为例，市县有关部门征收非税收入后全部和部分上缴省，相关经费也由省直接下拨。这样就带来了非税收入征收管理与同级财政部门脱节，而上级财政对此有时也鞭长莫及，容易形成"盲区"，给非税收入的征管带来困难。

（3）非税票据繁多，使用不规范。非税票据是非税机构向非税缴付人开具的收（缴）款凭证，是非税规范管理的源头和基础。但是，我国目前的收费票据种类达160多种，票据的使用和管理存在许多不规范现象，少数单位不按票据管理的有关规定使用票据，存在混用、串开、外借票据的现象；甚至出现不使用财政部门统一收费票据的问题，有的使用自制票据，有的直接使用白条收费，将收费挂往来科目列收列支或转作单位收入。

（4）非税收入相关法律不健全，有待进一步完善。目前，非税收入从立项、定标、征收、票据管理和资金使用各个管理环节，没有一套完整、统一、规范、系统的法律法规。目前，非税收入管理主要依据财政部下发的《关于加强政府非税收入管理的通知》和《关于深化地方非税收入收缴管理改革的指导意见》等规范性文件及各地下发的管理办法。应该逐步实现国库集中收付改革，在结合我国财政发展现状的前提下，将政府非税收入全部纳入国库集中收付范围，实现政府非税收支都由国库集中收缴和支付，在提高资金使用效率的同时，也大大提升其资金运用的透明度。

三 非税收入收缴管理审计的必要性和现状

（一）非税收入收缴管理审计的必要性

非税收入是政府财政收入的重要组成部分，它对增强各级政府财力和宏观调控能力、不断完善公共财政体制、有效遏制腐败、追求良治和深化改革、建立公平的社会分配秩序具有重要意义，非税收入的管理直接影响着财政资金的分配和使用。同时，2015年，中办、国办发布的《关于实行审计全覆盖的实施意见》提出"构建大数据审计工作模式，提高审计能力、质量和效率，扩大审计监督的广度和深度"。因此，为规范政府收支行为，健全公共财政职能，加强非税收入审计势在必行。

同时，由于非税收入收缴管理中存在许多的问题，强化对非税收入的审计监督是实施规范管理必不可少的一环。加强对政府非税收入的审计，对进一步加强非税收入管理，完善部门预算编制和国库集中支付制度，推进依法行政，提高依法理财水平，增强政府宏观调控能力具有十分重要和深远的意义。

（二）非税收入收缴管理审计现状

1. 非税收入收缴管理审计重点

在当前的非税收入审计实践中，审计人员一般从以下两个方面着手：一是合法性，是指政府相关部门的执收项目是否符合文件的规定，有无另立收费项目，或者收费标准超标；二是完整性，指是否足额收缴非税收入，非税收入有无及时缴入国库。目前对于非税收入的审计重点具体集中于以下几个方面。

（1）非税收入征收项目合规性审计。政府非税收入大致可以分为行政事业性收费收入、政府性基金收入、罚没收入、国有资源资产有偿使用收入、国有资本收益、彩票公益金收入、特许经营收入等12个大类。对每类非税收入项目的设定和收入筹集方式，国家均有明确规定。如政府性基金应当依据法律、行政法规、国务院或者财政部的规定设立和征收；行政事业性收费应当依据法律、法规、省级以上财政和价格主管部门的规定审批；国有资本经营收入按照产权关系由县以上人民政府或者财政部门依据法律、法规、国务院或省政府的规定设定和征收；罚没收入项目应当按《中华人民共和国行政处罚法》及其他法律、法规、规章的规定设立等。

目前开展的地方政府非税收入审计，重点关注非税收入征收的合规性，即征收的非税收入项目是否有明确的征收或收取依据，是否存在无依据乱收费、乱罚款、乱摊派行为；征收或收取依据的出台是否符合国家规定的审批权限，有无地方政府及其相关部门越权审批的问题；征收或收取的标准是否与规定的标准相一致，有无自行提高标准收费，或者擅自减免的行为等。以行政事业性收费为例，财政部和国家发改委每年都要发布《全国性及中央部门和单位行政事业性收费项目目录》，省级财政和物价部门也会发布省以下行政事业性收费项目目录。

（2）非税收入票据管理是否规范。非税收入票据是征收非税收入的法定凭证和会计核算的原始凭证，票据种类包括非税收入通用票据、非税收入专用票据和非税收入一般缴款书。非税收入审计过程中，审计人员将对收费票据进行检查。审计中一方面重点关注财政部门、执收单位是否存在重票据发放、轻票据使用监管的情形，"限量发放、验旧领新、以票管收"是否流于形式；另一方面审查执收单位使用的票据是否按照财务隶属关系向同级财政部门分次限量进行申领，是否存在转让、出借、代开、买卖、擅自销毁、涂改非税收入票据；是否存在串用非税收入票据，将非税收入票据与其他票据互相替代；非税收入票据使用完毕，是否按顺序清理票据存根、装订成册、妥善保管。同时，关注执收执罚部门有没有在使用财政部门监制的标准票据之外，使用上级主管部门的自制收据、单位内部往来结算的票据、税务部门的发票甚至白条收据等作为执收执罚的凭证。

（3）非税收入会计核算以及入账的合规性。现行行政事业单位的会计制度规定，对纳入预算内管理的非税收入，部门或单位应在"应缴预算款"科目核算或直接缴入国库；对纳入财政专户管理的非税收入，部门或单位应在"应缴财政专户款"科目核算。通过对会计处理的审计，可以查阅执收单位是否严格按照标准征收；是否存在不执行"收支两条线"的规定。

（4）执收单位是否将非税收入及时足额上缴财政。我国非税收入管理经历了一个逐步规范完善的过程。就执收单位而言，从自收自管自用到实行"收支两条线""收支脱钩"，从自收自缴到财政集中汇缴，从预算外分配使用到纳入预算管理、财政统筹安排。经过多年规范，绝大多数执收单位能够严格执行国家规定，正确处理履行职责与执收、执罚的关系。但一些部门和单位，特别是地方基层政府的一些执收单位，由于机构改革还未完全到位，职能尚未完全理顺，冗余人员尚未完全清理，部门利益尚未完全打破等因素，在非税收入征收管理中还存在一些问题。有些单位收费未上缴财政，仍然自收自用。审计署公开资料显示，某省教育对外交流服务中心（该省教育厅直属事业单位）2011年收取国外文凭认证服务费等收入301.46万元，支出316.30万元，收支均由该中心自行核算。有些部门直接在系统内办理收入返还，未全额上缴财政纳入预算管理。某省公安厅2011年收取的身份证、出入境证件费等非税收入未全额上缴财政纳入预算管理，直接返回各县（市）4969.12万元。另外有些部门和单位设立非税收入过渡户，年末滞留大量收入未上缴财政。如某省本级8家执收单位开设12个非税收入汇缴户，2011年末应缴未缴财政资金余额达3.33亿元。

因此，目前在开展地方非税收入审计工作时，往往选择一些主要的执收单位进行延伸审计。对于审计中发现的财政收入返还、资金滞留、过度账户等问题进行了审计重点关注。审计检查非税收入收缴是否实行国库集中收缴制度，非税收入是否全部上缴国库，是否存在截留、挤占、挪用、坐支或者拖欠问题；是否通过国库单一账户体系收缴、存储、退付、清算和核算。通过对执收单位实际征收的收入与缴入财政专户的财务数据、与执收单位建立的业务台账相核对，重点审查有无截留、挪用非税收入或收入"体外循环"的问题，审核是否存在应缴未缴、欠缴、少缴、不及时上缴及挤占挪用、坐支非税收入而逃避财政专户管理、私设"小金库"等违规现象。

（5）执收单位是否贯彻落实国家重大政策措施。随着行政审批制度改革的推进，国务院已先后发布了6批取消和调整的行政审批项目，各省级人民政府及其相关部门也陆续发布了一些取消和停止征收的行政事业性收费项目。非税收入实施收缴管理制度改革以后，政策新，变化快，致使非税收入审计具有不同于其他审计的特殊性。这些已取消和停止的收费项目是否仍在执行，都是审计人员的关注重点。

根据中华人民共和国审计署公布的公开资料，某市2016年以来涉及国家和省有关结构性清费减负政策的单位共计100家，累计取消或免征收费项目共311个。检查中发现部分被检查执收单位仍存在未按规定及时停止收取免征费用的情况。政府性基金、行政事业性收费等非税收入项目的设定往往与中央和地方政府某个阶段的特定政策目标相关。因此，结合政府职能的转变和落实国家宏观调控政策，是非税收入收缴管理目前的审计重点。

2. 非税收入收缴管理审计存在的不足

目前，在非税收入收缴管理审计中，主要是对收费票据、资金以及非税收入是否足额上缴财政等方面进行审计，但是在审计方法、技术和审计范围等方面还存在一些不足，具体体现在以下几个方面。

（1）收缴管理审计缺乏内部控制审计。非税收入审计过程中，审计人员将对收费票据进行检查。但对于执收单位票据管理制度是否健全、执行是否有效，票管人员更换是否频繁，票据管理是否责任到人，是否存在票据丢失现象，是否建立了收缴管理内部监督机制，是否进行了不相容职务分离，是否施行了定期轮岗制度等问题在收缴管理审计中都并未重点关注。由此可见，现有的非税收入收缴管理内部控制的审计存在明显不足。

（2）收缴管理审计未关注财政部门是否及时足额缴库。2009年，财政部制定《关于深化地方非税收入收缴管理改革的指导意见》，要求各级地方政府规范和完善非税收入收缴方式，重点完善通过非税收入收缴管理信息系统收缴非税收入的方式，并将其作为非税收入收缴的主要方式。根据上述规定，目前地方各级政府普遍采取"单位开票—银行代收—财政统管"的非税收入收缴模式，即非税收入征收或收取部门、单位（以下简称执收单位）向缴款义务人开具财政部门统一印制的非税收入一般缴款书；缴款义务人将资金缴入各级财政部门在代理银行开设的非税收入汇缴专户；财政部门对非税收入汇缴专户资金清算后，按照收入级次和规定的类别划解国库或者财政专户。

与以往非税收入由执收单位自收自缴、分散管理的模式相比，这种收缴分离的征管方式是一大进步，对于加强财政资金管理、维护资金安全完整有重要意义。但与目前税收收入普遍实行的"直达入库"的征管模式相比，非税收入经财政部门归集、清算后再缴入国库，实际可能为各级财政部门设立非税收入过渡户开了口子，客观上为地方政府及其财政部门调节收入、规避人大监督及国库监管提供了条件和便利。目前，地方政府确定年度财政收入计划（或上级政府下达）一般仍采取在上年实际完成数基础上比例增长的模式，且上级政府对下级政府公共财政预算收入质量实行目标考核（一般为税收收入占地方公共财政预算收入的比例70%以上）。地方政府及其财政部门为控制年度财政收入规模，为以后年度留出余地，或完成上级对公共财政预算收入质量的考核指标，往往将非税收入作为"蓄水池"和"调节器"。如2011年，某省财政厅开设的"非税收入汇缴结算户"年末应缴未缴国库或财政专户余额达 10.41 亿元，其中已明确收入种类和级次的收入为 3.38 亿元。

在目前的收缴模式下，开展地方非税收入审计，并未从审核财政部门非税收入汇缴专户的资金收、支、余入手，结合地方年度财政决算收入完成情况，分析地方财政部门是否存在调节财政收入进度和年度规模的问题。审核非税收入汇缴户等相关财政资金账户，从资金流向和账账核对入手，关注财政资金的安全性，审查地方政府及其财政部门有无挪用、出借非税收入资金的行为，防范财政资金安全风险，也应当成为非税收入审计的重点。

（3）审计技术手段落后。目前，各级执收单位都建立了非税收入财政票据管理系统，要保证审计质量。通过对数据的交叉比对及时发现非税收入执收过程中的问题，及时解决问题，不断完善对业务数据的收集、保存、处理工作是非常重要的。

但是各执收单位的数据管理系统并不一致。不同执收单位之间的数据难以进行系统数据汇总、比较和分析，数据的提取就审计人员对系统的熟悉程度提出了很高的要求。各级执收单位不同系统的数据要能互相连接，共享数据信息，保证及时获取准确、完整的数据信息，这对现有的审计技术手段提出了挑战。

（4）非税收入审计理论滞后。非税收入的审计是随着非税收入的快速增长开展起来的，非税收入作为财政收入的重要组成部分，其审计理论的研究相对滞后；现有的非税收入审计，多侧重于非税收入支出方面的审计，而缺少对非税收入的项目、文件票据及资金收缴的全过程审计，其审计所涵盖的内容还不够完整。

（5）非税收入审计缺乏统一的法律法规指导。《政府非税收入管理办法》中规定非税收入实行分类分级管理，县级以上地方财政部门负责制定本行政区域非税收入管理制度和政策，按管理权限审批设立非税收入，征缴、管理和监督本行政区域非税收入。虽然部分省市已经发布了非税收入管理条例,大部分省市发布了相关的政府规章,但并未有一部系统全面规定非税收入收缴管理的全国性法律或行政法规。这导致审计工作在不同省份不同地区开展时,面临非税收入管理上的差异,尤其是各省级人民政府及其相关部门发布的一些取消和停止征收的行政事业性收费项目上的差异。这些都给非税收入审计工作的开展增加了一定的难度。

四 非税收入收缴管理现有审计流程分析

(一)现有的审计流程

现有的审计流程是通过"总体分析,发现疑点,分散核实,系统研究"的审计方式,对被审计单位非税收入收缴管理进行专项审计。通过集中采集分析非税收入征缴数据,筛选确定审计事项和疑点数据,再分发各级审计机关核查。各地审计机关根据当地实际情况,结合下发的疑点,对相关单位和个人进行延伸审计调查。

1. 确定审计目标

目前的非税收入收缴管理审计目标是审查非税收入管理现状、存在问题以及对相关政策措施的落实情况。通过对非税收入的审计,监督政府的经济行为,维护财政经济秩序,保障国民经济和社会健康发展。同时为地方的财税改革建言献策,为地方政府的发展改革提供科学的理论支撑和数据分析支持。

2. 梳理检查要点

(1)注重审计国库缴款与财政专户相结合。调查了解财政部门非税收入收缴管理方式,掌握账户开设情况、资金划转流程。取得财政总预算会计电子数据和金库报表,对行政事业性收费、罚没收入、政府性基金收入分项目按月汇总,通过分析性复核,审查收入的入库进度是否均衡,是否与土地出让、税收、电价等征缴基数的变化相一致,确认收入数据与金库报表数据是否一致，是否存在将收入挂在往来款核算不及时确认收入、将应纳入预算管理的非税收入存放在财政专户未及时足额缴库、财政汇缴专户中的非税收入未及时解缴国库单一账户或财政专户的问题。

（2）注重审计收入收缴与审计支出相结合。非税收入的收缴审计应与部门预算、支出和决算相结合，注意从支出中发现违法违纪问题。查看部门预算，了解部门非税收入的预算基本情况，获得非税收入的来源、构成和规模，结合实际收入上缴情况，通过对比复核，审查是否将收入及时足额入库，是否存在账外资金。在费用支出的审核中，通过逻辑分析和统计分析等方法，审核是否存在支出与收入不匹配的事项，是否存在转移收入和支出等问题。通过审核主管部门和下属单位决算报表，分析非税收入与上年同期的增减变化是否存在异常，重点关注"其他收入""上解上级支出"项目的金额和来源情况，发现是否存在不合规收入、未上缴预算收入等情况。

（3）注重审计财务与审计业务政策相结合。审核财政部门非税收入收缴时，应将非税收入明细与政府性基金目录、行政事业性收费目录进行对照，审查是否有超出目录及相关法律法规范围的项目，地方政府及财政部门是否存在自定或越权审批非税收入项目的问题；审查用非税收入安排的支出是否符合使用方向和范围，是否存在向缴款人先征后返非税收入的问题。审计执收单位非税收入上缴业务政策执行情况时，要对照部门相关法律法规，审查《收费许可证》《罚没许可证》，审核执收单位是否具有执收主体资格，征收的非税收入项目是否合规，是否擅自收取规定之外的非税收入项目。应审核与收费相关的审批和罚没业务资料，分析业务工作中容易发生舞弊的环节和岗位，将收费与业务办理情况对比分析，是否存在办理业务违规收取费用、违规减免、缓征收费等问题。要注重计算机技术在财务和业务审计中的运用，充分利用被审计单位的信息系统与财务数据、人口、民政、国土、房产、车辆等信息的对比分析，发现财务审计难以发现的隐藏问题。

（4）注重审计财务与内外部调查相结合。账务审计中发现的疑点线索，要通过一定的内外部调查程序获得更加充分适当的审计证据。到银行对单位账户开设情况进行调查，是否存在将非税收入存入单位私设账户或个人账户中，是否存在"账外设账""小金库"等违法违纪行为；审查收入汇缴账户开设情况，是否违规开设过渡性账户，是否将过渡性账户中的资金及时足额上缴财政部门的非税收入汇缴专户，是否隐匿、滞留、截留非税收入，是否直接从非税收入过渡性账户中私自提留征管经费用于单位的经费支出，私存私放、私分所收款项等问题。调查业务经办人员，熟悉各科室的职能和岗位设置，详细了解审批和罚没业务的办理程序，询问财务人员收费收缴情况，询问业务人员收费对象、标准、时限、减免权限和程序等，分析是否存在徇私舞弊、以权谋私、贪污挪用等行为。对往来款项进行调查，通过积极函证、实地调查等方式，分析往来款项的真实性，是否存在捐赠、赞助、罚没、租金等收入不上缴，在往来款项中挂账核算的问题。要注意调查执收单位的主管单位和下属单位，关注它们之间的资金往来，是否存在开具不合规票据转移收入，虚增虚列支出等行为。要注意对收费对象及问题线索的调查，查看收费凭证、合同等资料，深入细致调查询问，结合群众的问题线索举报，查出财务和业务外的案件线索。

3. 核实存在的疑点

目前国内普遍采用的审计工作实施过程中主要还是通过审计人员对凭证和业务资料的审阅和分析发现疑点，从而寻求突破点。综合利用检查、调查、座谈、走访等形式，采取询问、谈话、翻阅账本、核对凭证资料等方式，了解掌握减税降费政策措施实施效果。

在当前的非税收入审计实践中，核实工作一般从以下两个方面着手。

（1）相关政策措施落实情况。当前"减税降费"是积极财政政策的头等大事,在审计工作中要关注地方政府是否存在增加小微企业实际缴费负担的做法,是否自行对历史性欠费集中清缴,是否存在以前年度尚未收取,现由于某种原因集中收取的现象,关注企业特别是小微企业缴费负担是否有实质性下降。关注地方是否存在脱离地方实际、盲目照搬照抄上级文件,导致政策措施难落地、难见效的问题,关注是否存在授权地方自行出台的政策不及时、难落地的问题,是否及时根据政策执行中暴露出来的问题调整完善政策措施。突出普惠性,促进应享尽享,关注地方政府和相关部门是否存在选择性执行政策、实施地方保护等问题,是否存在对民营企业和国有企业、对普通工薪阶层和高收入阶层区别对待的问题。

(2)依法组织收入情况。关注各级地方财政部门是否建立财政运行动态监控体系,认真做好收入组织工作。关注各级地方政府和相关部门是否存在为完成收入任务,出现"虚收空转"等违规征收问题,是否存在:①先支后收形成空转。财政列支将资金拨付至有关单位或拨付调度款至下级财政,然后单位或下级财政再通过多种方式,经多个单位,最终以非税收入名义缴回。②先征后返形成空转。先由融资平台、企业等缴款单位上交非税收入,而后将资金通过财政以奖励、扶持等名义全额列支拨回。③先借后交形成空转。财政借款给已不正常经营的企业、濒临破产企业,让其缴纳早期无力负担的积欠非税收入,财政虽未列支出但在资金往来中长期挂账。④先交后补形成空转。通常是融资平台公司、国有企业、土地收储机构等在无真实收入来源的情况下,直接以国有资源有偿使用收入等名义上缴非税收入,或虚构经济行为,如:虚构国有企业间的房屋、土地出租、转让,虚构土地储备机构耕地占用等,将产生的非税收入上交。上交资金通常为自有资金或贷款,因此产生的资金缺口再由财政补足。⑤先缴后退形成空转。缴款单位先以非税收入的名义将资金缴入国库形成收入,在某个时间节点(通常是预算年度结束)后,再以误收等名义办理退库，资金原路退还。

关注地方非税收入征收异常情况，是否存在违规征缴入库非税收入，是否按照《政府非税收入管理办法》征缴非税收入，严格执行"收支两条线"管理规定，建立"以票治费、以票管收"的管理机制。关注零余额账户。是否按照行政事业性收费收入和政府性基金收入规范清单核查对照征收，是否存在已经取消、停征、废止但依然在征收的情况，是否存在巧立名目增加收费的情况，是否存在坐收坐支情况，收缴时是否开具清晰明确的财政票据。

检查取消、停止、免征、废止行政事业性收费的执行情况，是否在减税的同时增加企业非税负担。关注乱收费整治情况，各级地方财政部门是否落实加强涉企收费管理、减轻企业负担的有关要求，是否存在乱收费、乱罚款和各种摊派等问题，是否落实全国政府性基金和行政事业性收费目录清单"一张网"和投诉举报查处机制。

4. 撰写审计报告

审计人员在完成外勤审计工作以后，根据审计工作底稿编制审计报告。主要是整理、评价执行审计业务中收集到的审计证据，复核审计工作底稿，汇总审计差异，选择那些具有代表性、典型性的审计证据在审计报告中加以反映，提请被审计单位财政部门调整或做适当披露，并将有关文件整理归档。最后形成审计意见，撰写审计报告。

（二）现有审计流程存在的问题

1. 审计标准

一是审计数据分析的依据以相关法律法规和审计人员经验判断为主，在面对海量数据时，经验和知识是有限的、主观的甚至滞后的，无法保障审计质量。二是审计数据分析的方法以查询型和验证型为主，在运用数据发现经济活动内在规律的时候，查询型分析和验证型分析往往力不从心，不利于发现趋势性、规律性问题。

2. 审计证据

当前对非税收入收缴管理的审计中，取得的审计证据相互验证的数据质量较低，目前国内普遍采用的审计工作实施过程中主要还是通过审计人员对凭证和业务资料的审阅和分析发现疑点，从而寻求突破点。而非税收入的业务数据，如记录台账、卡片往往由乡镇、村的基层工作人员操作，由于人员素质参差不齐，管理制度不规范，基础台账工作相对薄弱。有的非税收入的主管部门也不能准确获得非税收入的应缴规模。审计人员若要取得非税收入的验证数据，往往要付出很大的人力、物力成本。在低质量的计收信息、记录台账中发现计收工作过程中存在的普遍问题和舞弊行为也比较困难。

3. 审计程序

现有的审计方法中，多为抽样调查的方式。审计过程中，随着非税业务量增大，抽样的方法容易出现审计"盲区"，而且效率不高。这是因为一方面，非税收入的执收管理中，财政部门的监督是滞后的，财政部门很难对开票的项目和标准实时监控，在执收单位手里的空白票据实际是处于失控的状态；另一方面，执收单位只负责开具票据，由缴款人自行到银行缴纳非税收入的流程也使得执收单位对缴款人缴款情况的监督脱节，一旦缴款银行或缴款人在操作时未能一一对应开票情况，那么缴款情况与开票情况就不能有效关联，需要财政部门组织执收单位一一核对，极为不便，在审计实务中，也往往因为这个原因产生管理方面的重大风险。

五 对策与建议

（一）加快推进数字化审计进程以规范审计标准

近年来，财政体制改革不断深入，政府执收部门对非税收入的管理越来越规范，目前，大部分城市已经不再使用手工票据，而是通过使用计算机系统，对开票、缴款进行记录，基本实现了票款分离和收支两条线。因此，传统审计方法中对手工票据的检查、票款不对应等错弊基本都已经通过系统杜绝了，基于审计经验开展的传统审计方法逐渐失去意义。可以说，审计对象的信息化倒逼审计部门开展数据审计，审计人员的理念和方法也必须从"查账思维"转向"数据分析"的思维。

随着多地财政系统采用了非税收入业务系统开展征缴工作，为数据审计提供了必要条件。通过数据审计，一方面可以把握非税收入的整体情况和发展趋势，提示政府管理部门可能存在的控制风险，从而对征管工作的有效性、合规性、完整性进行全面审计；另一方面可以提高审计工作效率。秉承数据即是线索的理念，审计人员通过开展数据审计，寻找数据特征，必要时跟踪到执收单位开展延伸调查，使工作更有针对性，监督更具时效性。

（二）严格执行审计准则以完善审计程序

审计中应特别注意审计程序，严格执行国家审计准则。应进行充分的审计前调查，详细了解被审计单位的业务性质、机构设置、财政管理体制等，评估单位内部控制制度的有效性，编制切实可行的审计实施方案。审计组应分工查证非税收入事项，注意运用多种审计方法，以获得充分适当的审计证据。实行严格的审计复核制度，切实降低审计风险。

（三）完善规章制度，提升人员素质以提高审计证据质量

提高审计证据的质量需要建立完善的非税收入收缴管理规章制度，对现有的规章制度进行进一步的细化和解释，让执收人员明确非税收入收缴管理的流程。同时，相关人员只有具有较强的专业能力，才能使政府非税收入及票据管理工作更加完善。加强相关人员培训，提高现有人员的综合素质是当务之急。需要更新知识储备、开阔视野，培养复合型人才，特别要突出实务培训，如明确收费对象和收费标准，规范相关人

员的工作行为，同时，要熟悉计算机管理系统的操作。不仅要从思想上认识到政府非税收入的重要性，还要不断提高业务处理水平。

Abstract: With the rapid development of China's economy, the government revenue has been increasing. How to collect and use the revenue has become one of the hot issues of the government and academia. Non-tax revenue as a part of fiscal revenue, strengthening its collection management is also one of the urgent problems to improve the level of government management. As an important part of non-tax revenue management, non-tax revenue collection audit is an important means to strengthen the management of non-tax revenue. Based on the current situation of non-tax revenue collection management audit in China, this paper analyzes and combs the problems and deficiencies in the existing non-tax revenue collection management audit system and process, then puts forward some policy suggestions, such as promoting the digital audit process and perfecting the audit procedure, in order to provide reference and reference for the government non-tax revenue collection and management, and to promote the healthy development of China's financial cause.

Key Words: Government Non-tax Revenue; Collection Management; Audit

政府非税收入的占比、结构和影响研究

袁 帆 刘志坚 刘 岩[*]

摘要： 政府非税收入是我国政府收入的重要组成部分。我国政府非税收入的发展具有常年持续高速增长、占政府收入比重逐年攀升、波动幅度大和地方对非税收入依赖高等特征。近年来，我国政府非税收入主要受到收支项目调整、营改增和减税降费政策的影响，在政府一般预算收入中的占比有所下降，加大了地方财政收支的压力。云南作为政府非税收入在一般预算收入中的占比较高的省份，财政收支压力不断增加。云南应从优化财政收入结构、规范非税征收范围、合理化征收标准、更新征收理念、创新管理方式、完善监督体系六个方面规范和优化非税收入征管，调节市场经济的作用，推动非税收入良性增长，稳定财源结构，更好地发挥政府非税收入调节和纠正市场失灵，为全省经济社会发展提供财源的作用。

关键词： 政府非税收入 结构 影响因素

一 中国政府非税收入的现状和发展趋势

政府非税收入是我国政府收入的重要组成部分，随着我国经济社会

---

[*] 作者简介：袁帆，云南大学经济学院副教授；刘志坚，云南大学经济学院副教授；刘岩，云南大学经济学院讲师。

的发展，非税收入在政府收入中的占比不断提高。本篇对我国2007年到2019年非税收入的现状和发展趋势进行了分析，发现我国非税收入的发展趋势具有如下特征：常年持续高速增长，占政府收入比重逐年攀升，波动更加剧烈但与税收变动趋势保持相对稳定；地方是非税收入的主要来源，同时，非税收入四个主要项目变动趋势明显，行政事业性收费规模大幅缩减、罚没收入规模有一定程度缩减、专项收入相对稳定、其他收入大幅度增加。

（一）中国非税收入的概念和范围界定

长期以来，我国虽然有非税收入，却从未提到过"非税收入"概念，而是将其视为"预算外资金"。2001年12月，《国务院办公厅转发财政部关于深化收支两条线改革进一步加强财政管理意见的通知》（国办发〔2001〕93号）中"非税收入"一词首次出现，提出以非税收入代替预算外资金。2004年，《关于加强政府非税收入管理的通知》（财综〔2004〕53号）对政府非税收入概念及管理范围进行了明确界定，提出非税收入是政府财政收入的重要组成部分，是政府参与国民收入分配和再分配的一种形式："政府非税收入是指除税收以外，由各级政府、国家机关、事业单位、代行政府职能的社会团体及其他组织依法利用政府权力、政府信誉、国家资源、国有资产或提供特定公共服务、准公共服务取得并用于满足社会公共需要或准公共需要的财政资金，是政府财政收入的重要组成部分，是政府参与国民收入分配和再分配的一种形式。按照建立健全公共财政体制的要求，政府非税收入管理范围包括：行政事业性收费、政府性基金、国有资源有偿使用收入、国有资产有偿使用收入、国有资本经营收益、彩票公益金、罚没收入、以政府名义接受的捐赠收入、主管部门集中收入以及政府财政资金产生的利息收入等。社会保障基金、住房公积金不纳入政府非税收入管理范围。"

这改变了我国传统的从资金管理角度对政府财政收入所做的预算

内、预算外的划分，转而从收入来源的角度对政府财政资金做出划分。其后，非税收入管理方式经历了一系列优化。2007年，"非税收入"成为中国政府预算分类科目，其包含了一般公共预算内的所有非税收入，具体包括政府性基金收入、专项收入、彩票资金收入、行政事业性收费收入、罚没收入、国有资本经营收入、国有资产（资源）有偿使用收入和其他收入共8项，被视为小口径的非税收入。2015年，为落实《预算法》中政府性基金预算要与一般公共预算相衔接的要求，将11项政府性基金转到一般公共预算。

2016年，财政部制定并印发了《政府非税收入管理办法》的通知，再次明确政府非税收入概念，是指除税收以外，由各级国家机关、事业单位、代行政府职能的社会团体及其他组织依法利用国家权力、政府信誉、国有资源（资产）所有者权益等取得的各项收入。这一概念对政府非税收入的筹集主体、依据、目的、资金性质进行了具体的描述，是目前较规范、科学全面的概念，属于小口径概念。其中具体包括：行政事业性收费收入；政府性基金收入；罚没收入；国有资源（资产）有偿使用收入；国有资本收益；彩票公益金收入；特许经营收入；中央银行收入；以政府名义接受的捐赠收入；主管部门集中收入；政府收入的利息收入；其他非税收入。不包括社会保险费、住房公积金（指计入缴存人个人账户部分）。

目前，学界往往将我国政府非税收入分为三种不同口径。大口径政府非税收入指所有政府收入减去税收，即包括债务收入、社会保障基金、行政事业性收费、政府性基金、罚没收入、国有资产（资源）收入、主管部门集中收入、捐赠收入等。中口径是所有政府收入减税收和社保基金。即除税收和债务收入以外的政府所有财政收入统称为非税收入，因为债务收入不论是内债还是外债，都是以还本付息和自愿购买为前提。小口径则是一般公共预算下的非税收入科目，即除税收、债务收入和社会保障基金以外的所有政府财政收入，将社会保障基金排除在外是因为其与缴款人的各项生活保障密切相关，不能用于社会保障以外的其他支出。

本篇以探究我国政府非税收入占比、结构及影响因素为目的，依托政府财政数据进行，研究范畴为小口径非税收入。针对国家非税收入的四个主要组成部分，分别进行财源追溯并进一步分析其影响因素。

全国非税收入的四个主要项目为国家专项收入、国家行政事业性收费、国家罚没收入和国家其他收入，具体内容如下。

专项收入，是指根据特定需要由国务院批准或者经国务院授权由财政部批准、设置、征集和纳入预算管理、有专门用途的收入，例如排污费收入、水资源费收入、教育费附加收入、矿产资源补偿费收入等。

行政事业性收费，是指国家机关、事业单位、代行政府职能的社会团体及其他组织根据法律、行政法规、地方性法规等有关规定，依照国务院规定程序批准，在向公民、法人提供特定服务的过程中，按照成本补偿和非营利原则向特定服务对象收取的费用。

罚没收入，是对违章、违规行为实施的一种经济处罚。具体是指法律、法规和规章授权的执行处罚的部门依法对当事人实施处罚取得的罚没款及没收物品的折价收入。

其他收入，是除上述外的非税项目。

（二）中国非税收入的增长趋势分析

如图1所示，2007年至2019年，全国非税收入基本保持较高速度增长，其中2007年至2017年是快速增长阶段、2016年至2018年则出现了负增长，2019年又出现了大幅反弹。在第一阶段，我国非税收入呈现高速增长趋势，增速一直维持在10%以上，从2007年的5699.81亿元增长到了2015年的27347亿元，非税收入总量迅速扩张。而第二阶段中，全国非税收入总量保持在25000亿元以上，增速放缓甚至首次出现下滑趋势，2017年、2018年的增速均为负值，即非税收入总量少于上一年。但 2019 年增速再次达到 20%，非税收入总量一跃超过 3 万亿元，达到 32389.62 亿元。

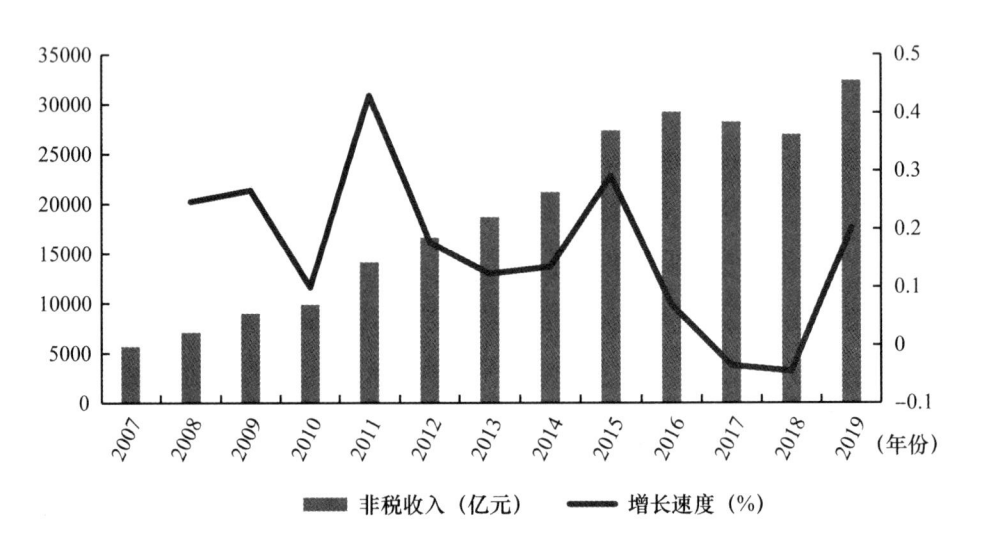

图 1 2007—2019 年全国非税收入及增速走势

资料来源：国家统计局、财政部网站。

当然，在看到我国非税收入呈现长期高增速的同时，也要客观对待这一数据。例如，2015 年高达 29% 的增速主要是因为 2015 年 11 项政府性基金转到一般公共预算的调整带来的非税收入的统计口径变化。其中包括将地方教育附加、文化建设事业费、残疾人就业保障金、水利建设基金等政府性基金转列一般公共预算，为一般公共预算中的非税收入带来了数千亿增量。白景明认为，如果剔除这一因素，传统的非税收入的同口径增长率将降为 10.6%。[①] 显然，若按此修正，增长速度曲线将更加平滑。除了口径调整外，非税收入未受到足够重视、管理混乱也对早些年的数据产生一定影响。

2017 年、2018 年的负增长则源于减税降费政策由结构性向实质性

---

① 白景明：《分税制条件下地方一般公共预算收入状况分析》，《经济研究参考》2019 年第 2 期。

的转变。2016年底召开的全国财政工作会议就提出，2017年要重点推进财税体制改革，研究并实施新的减税措施。近年来，减税降费行动全面铺开，大幅降低企业非税负担，使得行政事业性收费和其他收入显著降低。其中，2018年行政事业性收费降低超800亿元，成为当年非税收入规模缩减的主要拉手。

而2019年的高增速主要得益于国有资本经营收入的增加。2019年非税收入比2018年多5432.64亿元，而其中4146.21亿元来源于决算数为上年决算数216%的国有资本经营收入。财政部指出，这主要是中央和地方财政为支持企业减负，多渠道盘活国有资金和资产筹集收入来弥补减税带来的减收。

总体而言，全国非税收入逐年增长，且近年增长速度波动较大。相较2015年以前的高增速，2016年至2019年非税收入规模有小幅度回缩，在2019年再次达到高增速，后期增长趋势放缓。

（三）中国非税收入占政府收入的比重

如表1和图2所示，全国非税收入占国家财政收入的比重在近十年间从11%至18%缓慢攀升。2007年到2013年与近几年相比比重稍低，均低于15%，2015年后该比重基本高于16%，2016年为最大值18.32%。而其总体呈上升趋势，从2007年到2019年，非税收入从占国家财政收入比重的11.11%增长到17.01%。非税收入在政府收入中的重要地位日益显现。

表1　　　　　　　　2007—2019年全国财政收入构成情况

年份	国家财政收入（亿元）	国家税收收入（亿元）	国家非税收入（亿元）	国内生产总值（亿元）	非税收入占财政收入比重	非税收入占GDP比重
2007	51321.78	45622	5699.81	270092.3	11.11%	2.11%

续表

年份	国家财政收入（亿元）	国家税收收入（亿元）	国家非税收入（亿元）	国内生产总值（亿元）	非税收入占财政收入比重	非税收入占GDP比重
2008	61330.35	54223.8	7106.56	319244.6	11.59%	2.23%
2009	68518.3	59521.6	8996.71	348517.7	13.13%	2.58%
2010	83101.51	73210.8	9890.72	412119.3	11.90%	2.40%
2011	103874.4	89738.4	14136.04	487940.2	13.61%	2.90%
2012	117253.5	100614	16639.24	538580	14.19%	3.09%
2013	129209.6	110531	18678.94	592963.2	14.46%	3.15%
2014	140370	119175	21194.72	643563.1	15.10%	3.29%
2015	152269.2	124922	27347.03	688858.2	17.96%	3.97%
2016	159605	130361	29244.24	746395.1	18.32%	3.92%
2017	172592.8	144370	28222.9	832035.9	16.35%	3.39%
2018	183359.8	156403	26956.98	919281.1	14.70%	2.93%
2019	190390.1	157992	32389.62	990865.1	17.01%	3.27%

资料来源：国家统计局、财政部网站。

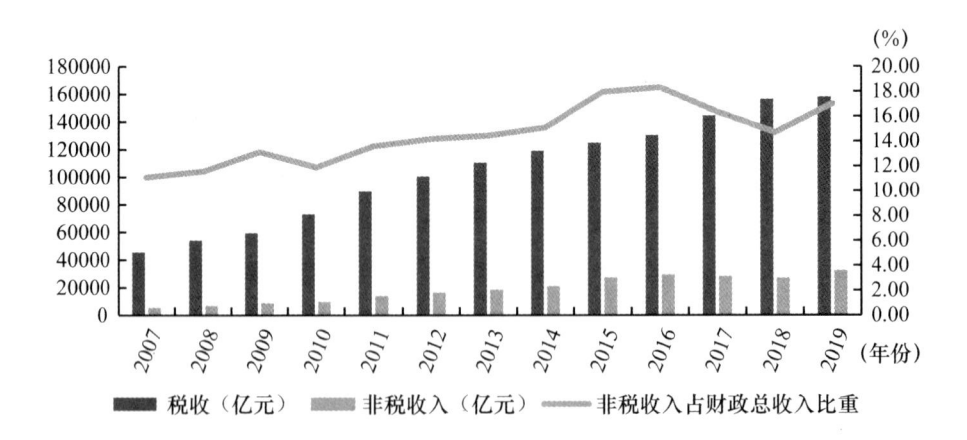

图2 2007—2019年我国税收收入与非税收入情况

资料来源：国家统计局、财政部网站。

非税收入与税收有着显著的不同。税收具有强制性且有特定征收主体，而非税收入的具体项目纷繁复杂、征收主体多且不具备强制力。从非税收入与税收收入总量的变动趋势上看，两者变动步调相对统一。税收收入变动趋势更为平稳，而非税收入变动波动幅度较大、增长不如税收收入稳定。

非税收入占比提高也与部分税收的增长较快有关。由非税收入征收的受益者负担理论与污染者负担理论可知，国家非税收入与企业发展也有着密切联系。事实也是如此，以2007年为基准，将2007年到2019年各项税收以及非税收入用GDP平减指数修正后分析发现，非税收入与国家企业所得税相关系数达到0.93，具有强相关性。从数据上看，企业所得税是我国最主要的税源之一，且增速大于国家税收收入增速，而非税收入增长趋势与该项目维持相对同步。因此愈加凸显了非税收入占政府收入比重上升的趋势。

全国非税收入占GDP比重也从2007年的2.11%上升至2019年的3.27%。增幅明显，其间一度达到近4%。与之相比，国家财政收入占GDP比重一直维持在20%左右，在2007年到2019年期间波动极小，平稳得多。也就是说，非税收入的变动趋势明显，增长较快、波动幅度较大。

综上所述，2007年至今，非税收入占政府收入的比重逐渐增加，增幅明显，同时，非税收入作为税收的有益补充，近年来波动幅度较大，不如税收稳定，但与税收共同作用维护了我国财政收入整体的稳定。

（四）中国非税收入的结构变化分析

国家非税收入作为国家财政收入的一部分，实行中央和地方的分级管理，由中央非税收入和地方非税收入组成。如图3所示，通过中央及地方非税收入的堆积图，可以直观地观察两者比重及变化。

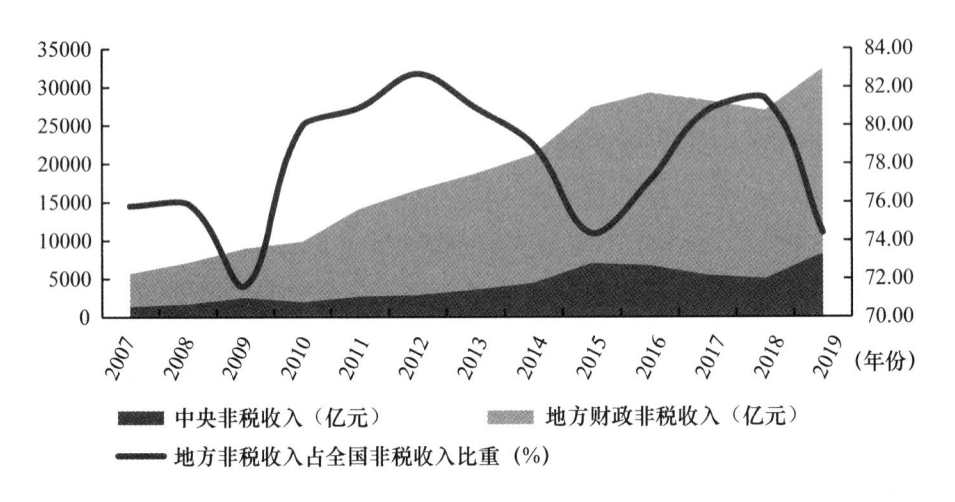

图3　2007—2019年我国中央与地方非税收入情况

资料来源：国家统计局、财政部网站。

从中央和地方非税收入对比看，两者基本保持一定比例同步变化。地方非税收入占全国非税收入的比重一直高于70%，在70%到84%之间上下波动，趋势呈"W"形。可见，地方非税收入在我国非税收入中的主导地位。由表2的数据可知，中央非税收入占中央财政收入比重常年低于一成，而地方非税收入占地方财政收入的比重在20%上下小范围浮动。可以看出地方政府对非税收入更为依赖，而中央财政对非税收入的依赖程度较小。地方非税收入的主导地位也在一定程度上印证了中央和地方对非税收入的依赖性差异。同时中央、地方非税收入比重相对稳定，两者变动均与非税收入总量变动趋于一致，即中央、地方非税收入在全国非税收入中的分配已趋于成熟。

表2　2007—2019年中央和地方财政收入构成情况

年份	中央财政收入（亿元）	中央非税收入（亿元）	中央非税收入占中央财政收入比重	地方财政一般预算收入（亿元）	地方财政非税收入（亿元）	地方非税收入占地方财政收入比重
2007	27749.16	1379.31	4.97%	23572.62	4320.5	18.33%

续表

年份	中央财政收入（亿元）	中央非税收入（亿元）	中央非税收入占中央财政收入比重	地方财政一般预算收入（亿元）	地方财政非税收入（亿元）	地方非税收入占地方财政收入比重
2008	32680.56	1711.88	5.24%	28649.79	5394.68	18.83%
2009	35915.71	2551.56	7.10%	32602.59	6445.15	19.77%
2010	42488.47	1979.17	4.66%	40613.04	7911.56	19.48%
2011	51327.32	2695.67	5.25%	52547.11	11440.37	21.77%
2012	56175.23	2880.03	5.13%	61078.29	13759.21	22.53%
2013	60198.48	3558.66	5.91%	69011.16	15120.28	21.91%
2014	64493.45	4458.05	6.91%	75876.58	16736.67	22.06%
2015	69267.19	7006.92	10.12%	83002.04	20340.11	24.51%
2016	72365.62	6696.58	9.25%	87239.35	22547.66	25.85%
2017	81123.36	5426.21	6.69%	91469.41	22796.69	24.92%
2018	85456.46	5008.39	5.86%	97903.38	21948.59	22.42%
2019	89305.41	8289.14	9.28%	101076.8	24100.48	23.84%

资料来源：国家统计局、财政部网站。

全国非税收入可分为四个主要部分：专项收入、行政事业性收费、罚没收入、其他收入。按该分类方式划分，绘出各个项目2007年至2019年占非税收入百分比变化（见图4），以观察我国非税收入的项目构成情况。可以看到各非税收入项目变化的清晰走势，具体分析如下。

国家专项收入一直是全国非税收入的重要组成部分，在非税收入总量中常年占据20%以上的比例。2015年以来，占比稍稍提升，2018年达到峰值27.91%，但2019年又回落到22.03%，接近2007年21.79%的占比。多年以来保持相对稳定，与全国非税收入增长保持同步。

而行政事业性收费作为曾经占比达33%的最重要的组成部分，如今只占非税收入的12%。2007年至今，行政事业性收费占比逐年下降，趋势明显。看其数据，发现2011年以来，该项非税收入基本稳定在

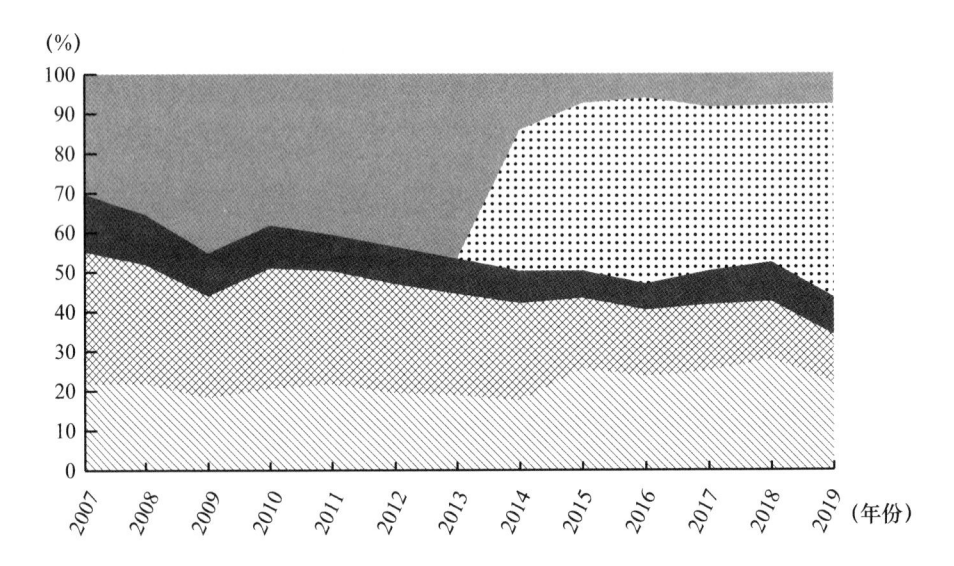

图 4　2007—2019 年我国非税收入分项目收入占比变化情况

资料来源：国家统计局、财政部网站。

4000 亿元上下，2014 年达到 5000 亿元后迅速下降，到 2019 年仅为 3888.07 万元，减费降税取得显著成效。

罚没收入一直以来都是四项收入中占比最低的。与 2007 年比，罚没收入从 15% 的占比到如今低于一成，其规模的相对缩减也较为明显。其中，2015 年、2016 年该项占比低至 6%，经过一年又回到了 9%。

其他收入占比相对而言波动较大。尤其是 2015 年以来，其波动较大的同时规模也大幅提升，2019 年其他收入总量达到 18309 亿元，占总非税收入比例超过一半。其他收入的大幅波动主要源于国有资本经营收入等项目。

从图 5 可以清晰地看出，2007 年到 2019 年，我国非税收入项目占比格局发生了显著变化。2007年，我国非税收入以国家行政事业性收费为主。2007年至2019年十余年间，行政事业性收费规模大幅缩减，罚没收入规模也有一定程度的缩减，而国家专项收入占比趋于稳定，其他收入则是大幅度增加。2019年，其他收入占比过半，我国非税收入已经形成以其他收入为主的格局并存在继续被强化的趋势。

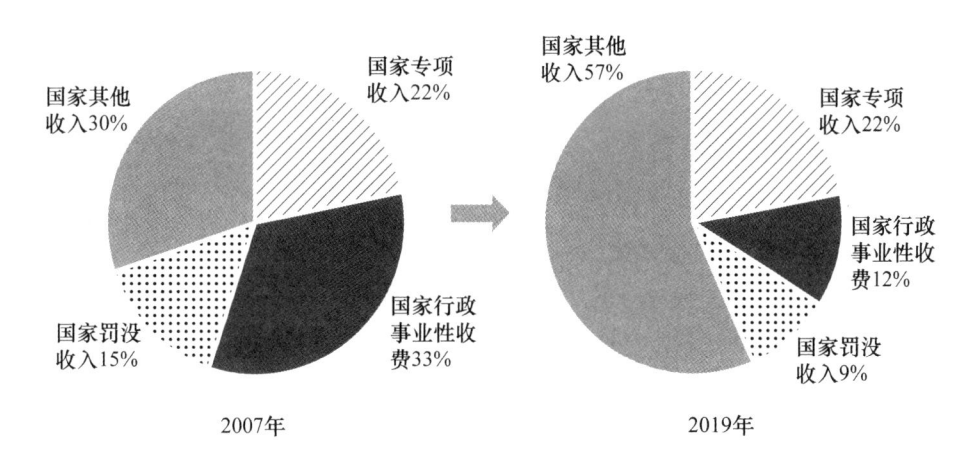

图5 2007年与2019年我国非税收入分项目收入占比情况对比

资料来源：国家统计局、财政部网站。

对比多年来我国非税收入项目结构，可以看到，非税收入各项目占比逐渐转变，其中国家行政事业性收费占比显著降低，国家专项收入占比基本维持稳定。而国家罚没收入占非税收入总额比重则在一定范围内波动，近年来有小幅度下降趋势。国家其他收入扩张趋势明显，其中，国有资本经营收入占比变化较大，2019年决算数达到了2018年的2.16倍。

综合上述分析，我国非税收入常年持续高速增长，近5年波动较大、增速放缓，但2019年又迎来了超20%的高增长速度。同时，非税收入占国家财政收入的比重在近十年间逐年攀升。将其与全国税收收入情况对比发现，非税收入变动不如税收变动趋势稳定。2007年至2019

年，非税收入波动幅度相较更大。观察政府收入与我国经济发展情况可以看到，我国财政收入与 GDP 增幅匹配，非税收入成为税收的有益补充，两者共同作用维持着我国政府收入的稳定。最后再看我国非税收入结构。地方非税收入占比远大于中央非税收入，是非税收入的主体；而按四个主要分项目看，行政事业性收费规模大幅缩减，罚没收入规模有一定程度缩减，国家专项收入占比稳定在 20% 以上，其他收入大幅度增加，各项目在 2007 年至 2019 年变动趋势清晰。

二　中国非税收入的财源构成结构分析

我国非税收入管理范围广，每项收入的性质、作用及当前状况各不相同。本部分对我国非税收入中的专项收入、行政事业性收入、罚没收入、其他收入四个主要组成部分进行分析，从变化趋势、项目构成和影响因素方面入手，客观分析我国非税收入各组成部分的基本情况。

（一）国家专项收入分析

1. 国家专项收入变化及构成

专项收入是指根据特定的需要并由国务院批准或者经国务院授权由财政部批准的，设置、征集和纳入预算管理、有专门用途的收入。为了环境保护和经济事业发展的需要，并适当集中资金进行重点建设，促进国民经济健康、协调、可持续发展，20 世纪 80 年代以后我国先后开征了排污费、教育费附加等专项收入。一般来说，专项收入是为了相关事业的发展、治理、保护，弥补政府财力不足而依法收取的用于特定用途的费用。图 6 反映出专项收入在 2007—2018 年期间总体呈上涨趋势，2019 年稍有缩减。

2007—2019 年，国家财政专项收入从 1241.85 亿元增长至 7134.16 亿元，短短的 12 年间增长率达到了 574.48%。由于各项专项收入分别

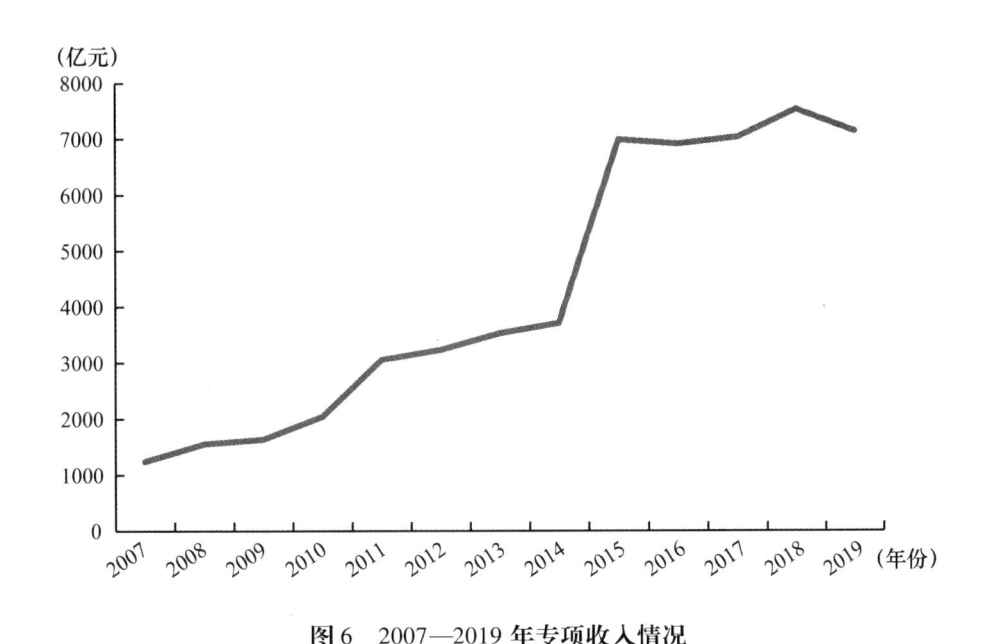

图6 2007—2019年专项收入情况

资料来源：中国财政部、中国国家税务总局。

对应不同的收费事项，如教育费附加、地方教育费附加是税务部门以增值税、消费税为计征基础征收的费用，而教育资金收入、农田水利建设资金收入则是从地方政府土地出让收益中计提的费用，因此专项收入的收入规模受到的影响因素较多，不同年度的增长情况差别较大。比如2015年专项收入实现了188.21%的超高速增长，主要原因是当年有11项政府性基金转到一般公共预算，但随后在2016年、2019年却都出现了小幅度的负增长。从趋势分析上来判断，专项收入还是在持续增长中。

在对专项收入构成分析时发现，2020年发布的《2021政府收支科目》中专项收入和《2020政府收支科目》一致，都有14项，相比《2019年政府收支科目》增加了一项"专项收益上缴收入"，但从总体来说，国家专项收入内容在波动。2014年从政府性基金预算转入专项收入的内容有8项。之后到2015年专项收入内容有18项，之后两年国家留成油上缴收入和矿产资源专项收入分别转到国有资源资产有偿使用收入当中，同时也有一些科目转到行政事业性收费当中。表3列出了2021年专项收入的分类及每项收入的性质。

由表3统计得出，专项收入中有9项属于中央与地方共享收入，4项属于中央收入，1项属于地方收入。其中教育费附加收入下设6个明细科目，在专项收入中占比较大且较为稳定，是专项收入的主要来源之一。教育费附加收入和地方教育附加收入是我国政府在特定发展阶段下出于弥补教育经费缺口的目的开征的收费项目，我国现行的征收教育费附加的主要制度依据是2011年修订的《暂行条例》。从总的趋势上来看，开征以来，教育费附加收入逐年递增，收入总规模在1986年约为4.4亿元，在1999年达到258.06亿元，到2011年首次突破了千亿元规模。2016年收入总额高达1365.8亿元，与1999年相比这一数据增长了近14倍。教育费附加作为重要的教育财源之一，随着它的征收范围越来越广、征收力度越来越大，教育经费也会变得越来越充盈。

表3 专项收入项目内容现状汇总

序号	专项收入内容	收入性质
1	教育费附加收入	属于政府性基金收入，中央与地方共享收入
2	铀产品出售收入	属于国有资源资产有偿使用收入，中央收入
3	三峡库区移民专项收入	属于政府性基金收入，中央收入
4	场外核应急准备收入	中央与地方共享收入
5	地方教育附加收入	属于政府性基金收入，地方收入
6	文化事业建设费收入	属于政府性基金收入，中央与地方共享收入
7	残疾人就业保障金收入	属于政府性基金收入，中央与地方共享收入
8	教育资金收入	属于政府性基金收入，中央与地方共享收入
9	农田水利建设资金收入	属于政府性基金收入，中央与地方共享收入
10	森林植被恢复费收入	属于政府性基金收入，中央与地方共享收入
11	水利建设专项收入	属于政府性基金收入，中央与地方共享收入
12	油价调控风险准备金收入	属于中央收入
13	专项收益上缴收入	属于中央收入科目
14	其他专项收入	中央与地方共享收入

征收水利建设专项收入目的是为加快水利建设，提高防洪减灾和水资源配置能力，缓解水资源供需矛盾，促进经济社会可持续发展。水利建设专项收入按照销售收入来计提和交纳，各省市的征收比例各不相同，而且从2018年7月1日起，国家重大水利工程建设基金征收标准统一降低至25%。北京市于2019年起停征地方水利建设基金，预计给单位和个人减负2亿元。在水利建设专项收入上，预计未来几年国家会陆续出台更多优惠政策，收入会大幅度缩减。

2. 国家专项收入变化影响因素分析

对国家专项收入影响较大的因素就是"减税降费"政策，2015年我国开始实施"减税降费"政策，"减税降费"体现在专项收入中主要是政策落实后，企业的增值税减少，与增值税有关的教育费附加、地方教育费附加因为计算基数的减少而同比例相应减少。在2020年7月财政部出台的《关于加强非税收入退付管理的通知》中，明确表示将把已取消、停征、免征及降低征收标准的收费基金优惠政策不折不扣地落实到相关企业和个人，同时将会进一步出台相关减税降费政策，对重点企业给予税费支持。2020年11月1日，国家税务总局发布的最新数据显示，前三季度，全国新增减税降费累计超过两万亿元，达20924亿元。进一步的减税降费在短期内会对非税收入带来一定的压力，但长期有利于增强市场主体活力，实现高质量发展。

一般公共非税收入的结构变动也将直接影响非税收入的变化。2015年随着《预算法》的实施，为落实《预算法》中政府性基金预算要与一般公共预算相衔接的要求，有11项政府性基金转到一般公共预算，这11项基金包括地方教育附加、文化建设事业费、残疾人就业保障金、水利建设基金等，其中部分基金收入达数百亿元甚至上千亿元。正是这些政府性基金转列到一般公共预算非税收入中的专项收入后才带来了数亿增量。另外，由于国家在2015年推进节水供水重大水利工程和高标准农田建设，实施国家水土保持重点建设工程，这直接影响到水利建设专项收入和农田水利建设资金收入，这些政策性因素也会导致专项收入在某一年出现大幅增长的情况。

（二）国家行政事业性收费分析

1. 国家行政事业性收费变化及构成

行政事业性收费是指国家机关、事业单位、代行政府职能的社会团体及其他组织根据法律、行政法规、地方性法规等有关规定，依照国务院规定程序批准，在向公民、法人提供特定服务的过程中，按照非盈利原则向特定服务对象收取的费用。行政事业性收费是比较特殊的一种非税收入，原因在于收费是价格与税收的交集，它兼有价格和税收形式。具体可以分为行政性收费、事业性收费和经营性收费三种形式的收费，其中行政性收费近于税收形式，经营性收费趋近于价格形式，而事业性收费介于税收、价格二者之间，兼而有之。

我国行政事业性收费形式有比率标准、定额标准和幅度标准三种。其中比率标准比较常见，是按照计征依据的一定比例收取的一种形式。例如，财政部规定，民航基础设施建设基金中国内航线按运输收入的一定比例缴纳。定额标准是对征收对象按照一个固定的额度标准收取的一种形式。例如，财政部、电力部规定，电力建设基金征收标准为每千瓦时用2分钱。幅度标准是只规定一个征收额度范围，由征收单位在规范的范围内征收的一种形式。例如，财政部规定，民航基础设施建设基金中国际航线按运输收入的4%—6%缴纳，具体比例由国家民航总局自行确定。

国家行政事业性收费总量在2007—2019年期间总量先增后降。行政事业性收费各年总量详见图7。

我国行政事业性收费在2007年至2014年间增长平衡。在2014年，我国行政事业性收费达到历史最高峰5206亿元。5年间年平均增长率达到54.88%。之后5年间收费总量逐年下降，但下降的幅度较小且节

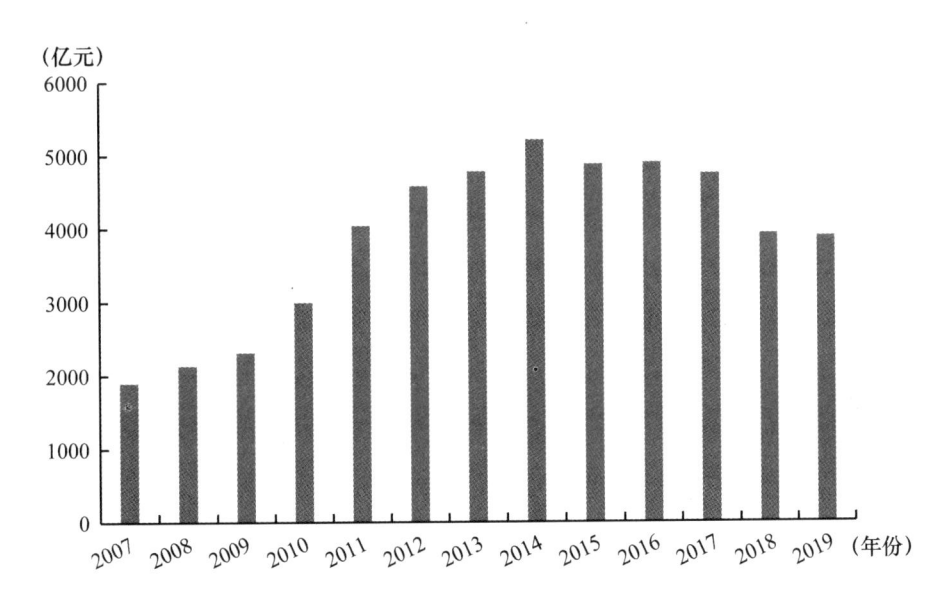

政府非税收入的占比、结构和影响研究

(亿元)

图7　2007—2019年行政事业性收费情况

资料来源：中国财政部、中国国家税务总局。

奏平缓，近两年我国行政事业性收费收入趋于稳定。

我国行政事业性收费种类繁多，基本涵盖了我国各个部门的行政事业性收费。其中，公安部门、教育部门、司法部门、农业部门、自然资源管理部门等部门收费项目较多。在中央层级政府里，鉴定类收费与其他类收费数量相差无几，而资源补偿类数量最少，同时行政管理类收费项目下降的数量最为明显。

近几年，随着各类资格考试人数逐渐增加，同时考试费用也不断提高，导致教育类事业性收入占行政事业类收入比重加大。公安行政类事业收入也在稳定上升，主要原因是近年来我国机动车数量在快速上升，需要办理的事项增多导致。另外，各类证书、证件的工本费也是其主要来源之一。卫生健康行政事业性收费方面，每年收入较为稳定，但结合今年疫情影响和未来疫苗的接种情况来看，预防接种劳务费方面会有大幅度的增加。随着市场监督的加强，市场监管行政事业性收费收入由于市场监管力度、市场规范程度的影响,这部分收入可能会有所减少。

2. 国家行政事业性收费变化影响因素分析

(1)"营改增"政策。2012年开始试点并于2016年5月全面实施的"营改增"政策,对非税收入中行政事业性收费占比产生较大的影响。作为目前规模最大的结构性减税措施,"营改增"从总体上降低了企业税负。"营改增"之后,行政事业性收费占比在一定程度上表现出上升趋势,这是"营改增"所引起的地方财政压力所致,会诱致地方政府在非税收入上寻求新的来源。而行政事业性收费项目种类多,可收费的空间及力度都具有弹性,所以会增加行政事业性收费。

(2)行政权力强制收费。某些行业协会或者是企业看似独立,实际其发起人是行政机关或者是由行政单位管理的,这将导致其利用行政权力强制收费或"搭车"收取会员费用。行业协会商会强制入会、强制收费,利用法定职责和行政机关委托、授权事项违规收费,通过评比达标表彰活动或者职业资格认定违规收费等行为在很多行业协会是存在的,进而导致收费规范性和透明度不高,企业缴费压力大。一旦出现这种情况,就会使得行政事业性收费收入增加。

(三)国家罚没收入变化影响因素分析

1. 国家罚没收入变化及构成

罚没收入是指法律、行政法规授权的执行处罚的部门依法实施处罚取得的罚没款和没收物品的折价收入,是国家财政非税收入的重要组成部分。罚没是国家实施社会管理的一项重要手段,具有强制性、无偿性和不稳定性等特点。罚没收入作为矫正外部负效应的财政资金,将罚没款全额纳入国库,由财政部门全权管理,综合考虑全局工作,通过国库集中支付系统进行统筹安排。总体而言,罚没收入是政府进行社会管理而产生的"副产品",是由于产生了违法行为才取得的财政收入,是为解决社会外部负效应而形成的财政收入。

自2007年以来，全国罚没收入增长迅速。如图8所示，从趋势上分析，在2007—2016年增长较为平稳有序，在总量上，从2007年的840.26亿元增长到了2016年的1918.34亿元，平均年增量约为108亿元。2017年之后，罚没收入出现快速增长的态势，近3年罚没收入增量分别为476亿元、265亿元、403亿元。图8斜率的变化反映出增长幅度的变化。总体上看，罚没收入呈现出现较强的正向线性关系，近几年各年份之间波动较大。

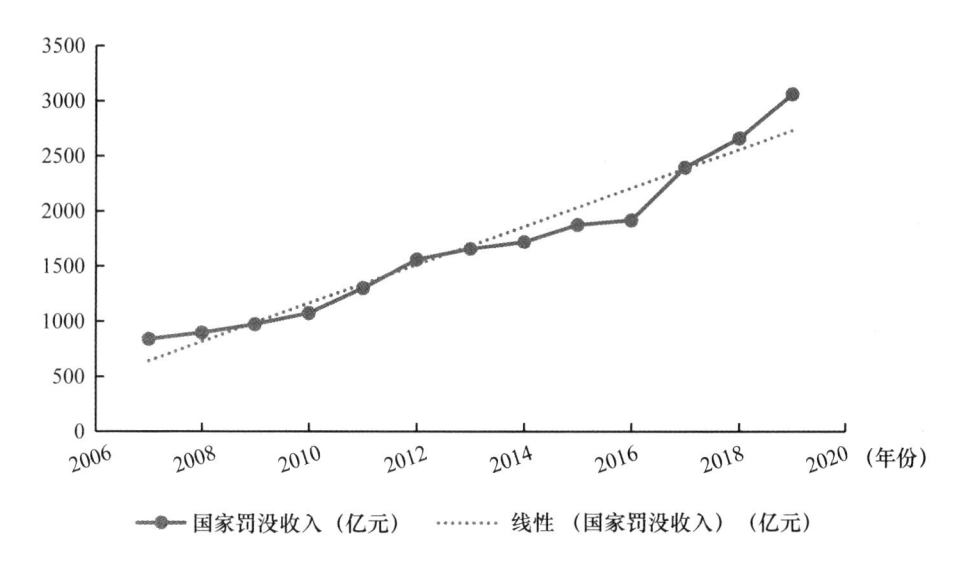

图8　2007—2019年罚没收入变化情况

资料来源：中国财政部、中国国家税务总局。

在一般公共预算中，罚没收入分为一般罚没收入、缉私罚没收入、缉毒罚没收入。由于该收入的特征性很强，因此不易与其他非税收入混淆。罚没收入中一般罚没收入占据主导地位，构成罚没收入的主要来源。2018年一般罚没收入中增加了银行保险罚没收入和市场监管罚没收入，取消了保监会罚没收入。在2020年发布的《2021年政府收支分类科目》中一般罚没收入里新设了工业和信息产业罚没收入、生态环境罚没收入和水利罚没收入，共下设22个目级科目。对比前几年罚没收入科目明细可以看出，我国罚没收入项目在逐渐递增，涉及的领域也越来越广泛，可以看出我国对部门行业规范化管理的进程。罚没收入相比其他几项非税收入来说，中央罚没收入占比最低，多数年份仅占全国非税收入的5%不到。表4列示出2007—2019年中央罚没收入占全国非税收入比重。

表4　　　　　　　中央政府罚没收入占全国罚没收入比重

年份	中央罚没收入（亿元）	占比（%）
2007	28.25	3.48
2008	31.72	3.66
2009	35.25	3.76
2010	31.79	3.05
2011	38.76	3.07
2012	40.35	2.66
2013	45.43	2.82
2014	88.93	5.45
2015	113.96	6.46
2016	66.83	3.61
2017	232.04	10.73
2018	167.00	6.70
2019	132.78	5.0

这一方面说明了我国中央政府罚没收入规模的合理性；另一方面则暗示我国地方政府罚没收入规模很可能存在一定的问题，那就是部分地区存在政绩考核的指标。中国地方政府普遍有一个潜在的压力，即为增长而竞争，中央政府经常将地方的经济增长和政府官员的绩效考核挂钩，导致地方政府在地方税收不足的情况下，容易将随意性较强的罚没收入作为收入来源，从而更好地完成政绩目标。这无形中使地方政府及

官员监督和管理罚没收入时较为松散。另外，现阶段各地方部门普遍采用罚款作为主要的执法手段，而不是教育、督导等。配合指标考核的压力，自然而然地方罚没收入占比加大。

2. 国家罚没收入变化影响因素分析

（1）管理制度构建

罚没收入的征收效率离不开政府的治理能力，也离不开制度的设计与要求，只有二者完美地配合，才能高效合理地管理好罚没收入。现阶段罚没收入纳入预算管理体系中，个别情况下存在着绩效指标，如果对罚没收入制定预算，相当于给罚没收入制定一个收入目标和任务，换句话说，罚没收入就被认为是政府稳定的收入来源之一。各级执法机关的罚没收入的预算就成为工作上的罚款任务，为了达到罚没收入预算的要求，就会出现"多罚多收"的现象。

另外罚没收入"收支两条线"管理中所存在的分成效应也会影响到罚没收入。如果存在着"谁罚款，谁使用"的情况，那么罚没收入的数额就会加大。这样财政部门与执法部门或多或少地形成了某种利益，这种利益关系，就造成了"收支两条线"的管理并没有从根本上杜绝资金使用的不合理问题，执法机关与财政部门间隐形的利益关系还会产生刺激的效果，让更多的执法机关不断地在罚没收入上"创收"。

（2）罚没收入相关法律法规的建设

国家对于罚没收入征管的法制化加强，会促使罚没收入的总额增加。但如果管理不规范，也会增加罚没收入。究其根源在于罚没收入相关法律法规的建设不完善。在北大法宝法律数据库收录了有关罚没收入的相关法律27篇，行政法规56篇，党内法规21篇，部门规章464篇。

由表5可以看出我国当前罚没收入的相关法条主要呈现的特点是：罚没收入相关内容不集中，相对零散，各类法律规定基本都会出现"罚没"的一定内容，但是均缺乏针对性。罚没收入相关法律法规并没有建成一个完整的体系。这样就会增加罚没收入的不确定性。当在罚没收入领域建设好完整规范的法律法规体系后，罚没收入就会趋于稳定。

表5　　　　　　　罚没收入相关法律、法规及文件数量

类别	数量（项）	法律、法规文件
法律	27	《中华人民共和国税收征收管理法》等
行政法规	56	《国务院关于减税降费工作情况的报告》等
党内法规	21	《中共中央办公厅、国务院办公厅关于进一步深化文化市场综合执法改革的意见》等
部门规章	464	《教育部关于加强教育行政执法工作的意见》等

资料来源：北大法宝，https://www.pkulaw.com。

（3）市场经济秩序和经济发展水平

一方面，为了维护市场经济的秩序、维护各个有关周边环境的平衡及加强对各种风险的危险系数的控制，国家行政机关依法对国家和社会公共事务进行管理时，需要更加的小心谨慎，加大对违法违规行为的处罚力度，从而增加罚没收入。另一方面，经济发展水平的不同也会导致罚没收入规模的不同，经济的增长会带动罚没收入的增长。比如在中国东部和西部经济发展有一定差异的地区，罚没收入也会有较大的差距。经济发展水平上升，社会成员负担能力不断增加，使得罚没收入的征收标准不断提高，进而扩大罚没收入的规模，罚没收入的增收标准也会相应地提高。因此在经济发展较为落后的地区，其罚没收入也就会相对偏低。

（四）国家其他收入的构成和变化分析

一般公共预算中非税收入的其他收入包括属于中央收入的免税商品特许经营费收入，属于地方收入的差别电价收入，属于中央与地方共享收入的基本建设收入、南水北调工程基金收入、主管部门集中收入等。近12年国家其他收入总量见图9。

从图9可以看出其他收入随着非税收入的增长，每年变动幅度较大，在2007年至2013年，其他收入总量逐渐上升，且占比较大，2007年占非税收入的比重为30.18%，2013年达到52.38%。但其他收入在2014年出现大幅减少，只有3012.5亿元。近3年中其他收入占非税收入的比重逐渐减少，由2014年的14.21%降至2019年的7.79%。表6列示出其他收入在《2021年政府收支分类科目》中构成。其中生态环境损害赔偿资金是2021年新增加的目级科目。而债务管理收入在去年列示为中央收入科目，在新的收支分类科目表中修改为中央和地方共用科目。

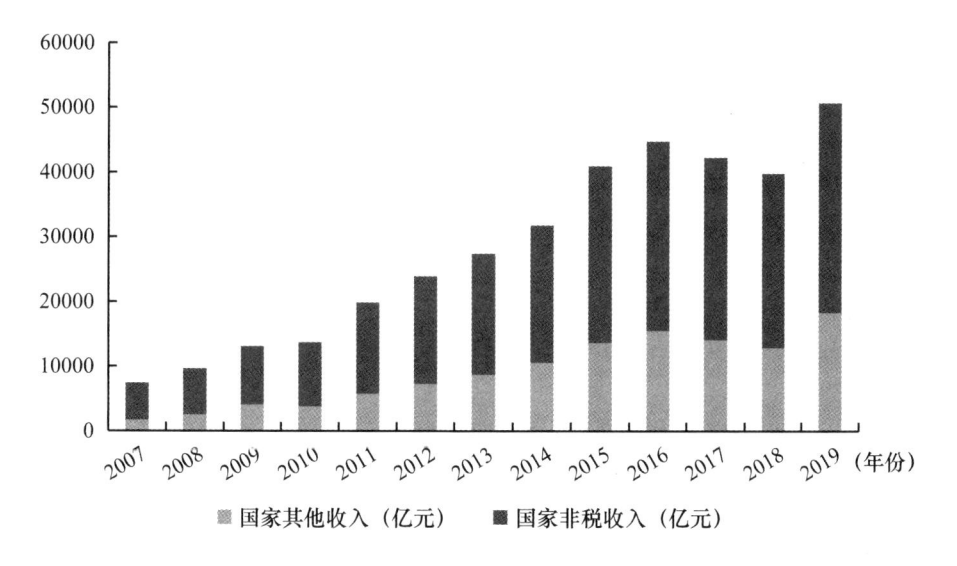

图9　2007—2019年其他收入和非税收入总量分析

资料来源：中国财政部、中国国家税务总局。

表6　　　　　　　　　　国家其他收入的构成分析

序号	科目名称	说明
1	主管部门集中收入	反映政府主管部门从下属单位集中的收入
2	免税商品特许经营费收入	反映免税商品经营企业上缴的免税商品特许经营费收入

续表

序号	科目名称	说明
3	基本建设收入	反映基本建设过程中形成的各项收入和竣工项目结余资金、投资包干结余收入
4	差别电价收入	反映地方政府按国家规定征收的差别电价收入
5	债务管理收入	反映国债、地方政府债务管理收入
6	南水北调工程基金收入	反映河北省征收用于南水北调工程建设的收入
7	生态环境损害赔偿资金	反映按照规定由赔偿义务人缴纳的生态环境损害赔偿资金收入
8	其他项目收入	反映除上述项目以外的其他收入

总体来说，非税收入中的其他收入的变动规律不明显，有较大的随机性，主要原因是收入总量依赖于一些分类不明的其他项目。另外，非税收入口径的变化也导致其他收入波动加剧。如2013年11月，党的十八届三中全会做出了《关于全面深化改革若干重大问题的决定》，将包括国有企业和国有资产管理在内的各项改革置于推进国家治理体系现代化的总目标之下进行统筹部署。通过加强国有资产监管和国有资本授权经营等方面继续完善国有资产管理体制，并划转部分国有资本以充实社会保障基金。从2014年开始，国有资本经营收入和国有资源资产有偿收入从其他收入中分离出来，成为我国非税收入款级科目的一部分。

三　中国非税收入的影响因素分析

政府非税收入受到很多因素的影响。笔者通过查阅2007年以来中央有关非税收入的政策，特别是一些重大政策，发现其对非税收入有如下影响：国家培育财源的政策使得财政收入中非税收入占比逐渐下降，财政体系不断优化；非税收入管理体制的不断发展，改善了非税收入征管长期以来存在的问题；非税收入口径方面，我国统计管理口径长期以来管理不清，但逐渐发展向好；"营改增"的实施，短期内会增加非税收入占比，但长期会使非税收入占比降低；减税降费的不断推进，改变财政收入的结构，使得财政赤字压力增大，但长期来看会使财政体系更加健康和健全。

（一）国家培育财源所采取的政策措施

1. 财源的定义以及培育财源的意义

财源即国家财政收入的来源。财源包括现实的财源和潜在的财源。财源建设是增强政府财力的基础，充裕的财源是政府行使公共财政职能的保障。在公共财政模式下，加强财源建设、优化财源格局就需要优化产业结构、促进地区经济和城乡协调发展。

非税收入作为我国财政收入的重要组成部分，培育非税收入财源也具有重要的意义。当前我国非税收入体系不断优化的同时，也存在一些问题。培育非税收入财源，可以提高非税收入质量，淘汰劣质财源，避免劣质财源影响财政的可持续性发展。

2. 国家培育财源的政策

国家培育财源的思路包括：稳定基础财源、壮大主体财源、开辟新兴财源、挖掘潜在财源、培植后续财源。[①]

在稳定基础财源方面，国家一直力求优化发展环境，促进经济从粗放型向集约型转变。自2007年以来，国务院出台并实施了《国务院关于加快服务业发展政策措施的实施意见》，改善服务业发展环境；出台了《关于鼓励和引导民间投资健康发展的若干意见》，推动民间投资及非公有制经济的发展；中小企业方面，国家发改委全方位推动混改企业完善治理，促进企业治理结构优化，完善相关配套政策，促进民营经济的发展；中小企业方面，《关于促进中小企业健康发展的指导意见》力

---

① 王佳：《财源建设相关问题研究》，《财政监督》2011年第21期。

求为中小企业营造良好的发展环境，破解融资难融资贵问题，进一步加大了财税方面对中小企业的支持力度。

在壮大主体财源方面，国有企业是国民经济的支柱，是社会主义制度的主要经济基础，是重要的主体财源。2013年《中共中央关于全面深化改革若干重大问题的决定》指出要推动国有企业完善现代企业制度，深化国有企业改革。2015年《中共中央 国务院关于深化国有企业改革的指导意见》指出要分类推进国有企业改革，完善现代企业制度，完善国有资产管理体制，发展混合所有制经济，强化监督防止国有资产流失。而2018年中共中央办公厅、国务院办公厅印发了《关于加强国有企业资产负债约束的指导意见》，加强国有企业资产负债约束，降低国有企业杠杆率，使作为主体财源的国有企业做优做强做大。

在开辟和挖掘新兴财源方面，2007年以后，我国的每一个五年规划都把创新放在了非常重要的位置，如"十一五"规划要加强国家自主创新基础能力建设，提升原始创新能力，"十二五"期间则强调创新环境的进一步完善和重点领域创新能力的进一步增强，"十三五"规划强调在之前基础上实现创新能力的全面提升。

培植后续财源方面，可持续发展观作为科学发展观的核心内容，在很早就融入我国的发展思想中。如《国务院关于加快发展循环经济的若干意见》《"十二五"控制温室气体排放工作方案》等。"营改增"和减税降费等措施的实施，也给新兴产业提供了优良的发展环境，新兴产业作为优良的后续财源，是财政收入的重要储备。

在以上培育财源的措施中，稳定基础财源和壮大主体财源，有利于短期财政收入的稳定，防止改革力度过大导致财政出现危机；开辟和挖掘新兴财源，培植后续财源的措施，则形成了财政收入稳定健康增长的基础。长期来看，税收收入占比会逐渐提高，非税收入占比会逐渐下降，财政收入体系会不断优化。

（二）非税收入管理的规范化和征收能力

自2007年我国开始将政府非税收入纳入预算管理以来，各级的财政部门不断改进政府非税收入管理模式，使非税收入逐渐规范化，同时提高了税收和非税收入的征收能力。然而，尽管这些政策在非税收入管理方面取得了很好的成效，但由于体制机制的原因，依然存在着非税收入管理流程不完善的情况。笔者从以下四个方面的政策来分析我国非税收入管理和征收能力的变化。

行政事业性收费及政府基金管理制度方面，近年来，我国政策致力于清理收费基金项目，切实减轻企业和居民的负担。2013年《国务院批转发展改革委等部门关于深化收入分配制度改革若干意见的通知》指出严格规范非税收入，继续推进费改税，清理整顿不合理、不合法的行政事业性收费和政府性基金，建立健全政府非税收入收缴管理制度。2014年《国务院关于深化预算管理制度改革的决定》同样要求继续清理规范行政事业性收费和政府基金。2015年《国务院关于印发推进财政资金统筹使用方案的通知》从资金的使用角度要求清理压缩政府性基金和专项收入。2018年"减税降费"降低或取消行政性事业收费。2019年继续治理各种不合理收费，防止地方非税收入非正常增长、抵销减税降费的政策效果。2020年财政部发布了《关于加强非税收入退付管理的通知》，督促中央和地方加强非税收入退付管理，确保其落实到相关企业和个人。这一系列政策措施一定程度上减少了地方政府的行政事业性收费及政府基金收费的乱象，并减少了这两项非税收入占比。

在国有资源资产收益管理体制方面，逐步完善了国有资源资产有偿使用制度，促进资源的可持续发展和有效利用。2014年《国务院关于深化预算管理制度改革的决定》指出要加强国有资本收益管理，完善国家以所有者身份参与国有企业分配制度，落实国有资本收益权。各级财政部门建立健全了国有资源有偿使用制度；将土地出让收入全额纳入政府性基金预算管理；在全国范围统一海域使用金征收政策；提高国有资产的经济效益等。以上措施都促进了国有资源资产的合理配置，优化了国有资产管理体制。作为非税收入的组成部分，国有资源资产管理体制的发展，会提高其在非税收入的占比，优化非税收入的结构。

在完善国库集中收付制度方面，推动国库集中收付制度改革，一直是中央的一项重大决策。早在2005年，我国36个省、自治区、直辖市和计划单列市全部实施了国库集中收付制度改革，在之后则一直积极采取有效措施将其推进到各级预算单位。各个地区都出台相应的政策推进改革，加强国库集中支付管理，打造现代国库管理体系，巩固改革成果。2015年，《国务院办公厅关于进一步做好盘活财政存量资金工作的通知》要求各级政府所有非税收入征收单位要严格执行国库收缴有关规定，并积极推行非税收入电子缴库，实现非税收入直接缴入国库，并且杜绝通过延迟缴纳调节财政收入的行为。国库集中收付制度提高了财政的运行调控能力，提高了财政资金的使用效率。非税收入作为财政资金的一部分，其使用效率也得到提高，并且财政部门对非税收入的监管也得到了加强。

预算管理方面，我国2007年开始将非税收入纳入预算管理，2011年则取消了预算外资金，实行全面预算管理，以求构建一个有机的政府预算体系，提高财政的统一性和完整性。然而我国依然面临许多收入处于预算外管理的情况，各地依然存在着非税预算资金在财政专户上"转一圈"的情形，未实现真正的全面预算。因此，这限制了非税收入重要作用的发挥，产生了负面效应。

（三）非税收入口径的调整变化

1. 非税收入口径的变化

2004年，《财政部关于加强政府非税收入管理的通知》将政府税收以外的、除去社会保障基金和住房公积金的收入，纳入政府非税收入的管理范围。2007年，我国将政府非税收入纳入政府预算分类科目，一般公共预算内的非税收入包括：政府性基金收入、专项收入、彩票资金收入、行政事业性收费收入、罚没收入、国有资本经营收入、国有资源资产有偿使用收入和其他收入。尽管分类中包括政府性基金收入，但由于非税收入分类管理混乱的问题，2007年的一般公共预算统计中并没有出现政府性基金收入，且一般公共预算下的非税收入项目仅包括专项收入、行政事业性收费、罚没收入和其他收入。2011年，开始实行全面预算以后，预算外的资金分别纳入了不同的预算科目管理。2015年，政府性基金预算中用于提供基本公共服务以及主要用于人员和机构运转等方面的11个项目收支转列入一般公共预算，增加了一般公共预算中的非税收入。2016年的《政府非税收入管理办法》，将社会保险费和计入缴存人个人账户部分的住房公积金以外的12个项目作为政府非税收入口径。

可以看出，我国政府非税收入口径是随着我国经济社会发展的变化而变化的。最初我国将政府税收收入以外的几乎所有财政收入作为非税收入统计口径，这是我国对政府非税收入管理的初步探索。之后开始将非税收入纳入预算管理，并对非税收入科目进行了简单分类，标志着我国非税收入开始步入规范化管理。随后对非税收入分类进行了一系列的补充和修正，2016年对非税收入的概念和种类、设立和各方面的管理的进一步规范，使得我国非税收入口径更加完善。从最开始的治理口径不清，到后来逐步规范化的发展，这是我国非税收入口径的总体变化趋势。

2. 非税收入口径标准界定

研究非税收入口径的变化，首先要确定非税收入统计口径的标准。傅娟的研究将非税收入的统计分为三种口径，大口径为政府收入减税收，中口径是政府收入减税收和社保基金，小口径是一般公共预算下的非税收入项目。[①] 根据上一部分我国对非税收入口径管理的变化，一直

---

① 傅娟：《非税收入的概念辨析及中美比较的可行性研究》，《财贸经济》2019年第3期。

未包括社保基金，且2016年的《政府非税收入管理办法》也规定了将政府性基金收入作为非税收入，所以将中口径作为非税收入的统计标准比较合理。

以中口径作为标准，2007年的一般公共预算下的非税收入和统计口径中相差了政府性基金收入、彩票资金收入、国有资本经营收入和国有资源资产有偿使用收入。并且由于当时没有进行全口径预算，非税收入管理标准也不清晰，很容易导致管理的混乱。2015年政府性基金预算11项转入一般公共预算，如果按照中口径来看，非税收入并不会发生变化，但从窄口径即一般公共预算下的非税收入角度进行管理，会发现非税收入占比上升了。没有统一标准的非税收入口径会造成财政管理的混乱，影响政策的制定。2016年我国对非税收入概念分类等进行了进一步规范，明确了政府非税收入的12个类别，一定程度上规范了非税收入的统计口径。但是由于各个大类之下的项目多且杂乱，实际操作中依然很难进行区分。对于非税收入口径的规范，仍然需要相关法律政策来完善。

（四）"营改增"对非税收入的影响

1. "营改增"简介

在1994年分税制改革以后，初步形成了"分级分税"的财政体制，调动了中央和地方的积极性，增强了中央政府的宏观调控能力。然而，在分税制的运行过程中，暴露出了一些问题。地方政府以营业税作为主体税种，中央则以增值税作为主体税种，在企业缴纳营业税过程中，存在重复计税的问题，并且不能抵扣。由此既不利于企业的发展，也不利于中央和地方的财政体制健康运行。

2011年国家发改委首次提出了在部分生产性服务业领域推行增值税改革试点，拉开了"营改增"的序幕。2012年1月1日起"营改增"率先在部分地区进行试点，2013年8月1日起"营改增"在全国地区部分行业实施，2016年则在全国范围内实行全行业的"营改增"，直到2017年10月30日，营业税正式退出了历史舞台。

2. "营改增"对非税收入的短期影响

"营改增"的实施，使得中央财政多增加了一部分中央和地方共享的增值税，而使地方财政增加了少部分中央地方共享的增值税，减少了以前的营业税收入，所以从短期来看，"营改增"会使得地方财政税收减少，中央税收增加。

对于中央财政来说，增值税实现了全覆盖，必然会使中央税收增加，假设财政收入不变，非税收入占比则会下降。对于地方财政来说，地方原来纳税比较多的传统行业会受到很大的影响，纳税额下降，而新兴企业将会不断涌现填补这个缺口，但短期内新兴企业的数量和规模较小，难以弥补改革初期地方税收下降的问题。在财政支出不变的情况下，地方政府必然会增加非税收入的占比，通过土地出让，提高其他相关费用来保证财政收入，引起地方非税收入的增加。

3. "营改增"对非税收入的长期影响

"营改增"短期确实带来了一些负面效应，但是作为一项典型的结构型减税措施，随着时间的推移，政策效果将不断显现。

从"营改增"对税制的影响来看，"营改增"将纳税人分为一般纳税人和小规模纳税人，处于成长阶段的高新技术中小企业一般属于小规模纳税人，所适用的征收率相较于一般纳税人较低，有利于中小企业的发展。另外，由于增值税进项税额可以抵扣，这大大降低了企业税负，并且能避免重复征税，税制结构得到了优化。这给企业提供了优良的发展环境，长期看会成为政府重要的财源，能够增加财政税收收入，相应地，则使非税收入减少。

从其对产业的影响来看，"营改增"将第三产业纳入了增值税的抵扣范围，相应地促进了第三产业的发展。在出口退税方面，服务业也包含在其中，这有利于外贸企业的发展，减轻出口企业税负。第三产业的发展又促进我国经济的转型，实现经济发展方式的优化，长期以来增加政府的税收，使非税收入占比降低。

但是，由于我国发展的不均衡，"营改增"对东部地区的效应比较明显，对中西部地区的效应不明显。长期来看，"营改增"主要通过作用第三产业发挥效用，因此在第三产业比较发达的东部地区，其作用效果会比中西部地区要好。同时，东部地区政府的财政能力相较于中西部地区更强，在短期内能够合理应对税收的暂时性下降，长期内收益会更大。

（五）"减税降费"对非税收入的影响

1. 减税降费政策简介

财政政策和货币政策是我国重要的宏观调控手段。减税是关键的财政政策工具，早在2004年我国税制改革中就开启了减税的序幕。2008年国际金融危机爆发后，我国的减税降费开启了"结构性减税"；2016年全面推开"营改增"，并且随着供给侧结构性改革的提出，减税降费成为降成本的关键一环；2017年党的十九大报告提出了降低税负的战略部署，减税和降费并行实施了力度空前的制度性减税；2019年政府工作报告中指出要"实施更大规模的减税""确保所有行业税赋只减不增"，对减税降费提出了较高的工作目标，减税方式从结构性减税向实质性减税转变。2020年，在新冠肺炎疫情背景下，我国也加大减税降费的力度，实施财政、税收、金融、投资政策的组合，有效控制疫情，稳定经济增长。

2. 基于财政收入规模和结构分析减税降费对非税收入的影响

减税降费包括降低税费和取消或停征行政事业性收费两个方面，前者影响税收，后者影响非税收入。因此，从财政收入规模方面来说，减税降费最明显的效应，就是使税收收入占比下降。近年来，我国税收收入增长较慢，并且非税收入也在逐渐下降。这表明减税降费的效果显著，并且减税降费会使财政收入减少。在财政支出稳步增长的情况下，财政赤字率会不断增加。

从财政收入结构来说，税收收入和非税收入受影响程度不同。对于税收收入来说，减税使得企业税负减少，为企业创造了一个良好的发展环境，同时促进经济的发展，从而扩大税基，增加财政的税收收入。这一效应对于东部地区更加明显。所以虽然减税减少了目前的税收收入，但是扩充了财源，长期会使税收收入增加。对于非税收入来说，因为上述减税降费的积极效应，长期来看非税收入会不断减少，但短期来看，由于其对财政的减收效应，容易促进部分地区非税收入的不正常增长。非税收入依据的是行政规章制度，税收依据的是税收法定原则，所以这一政策短期会弱化财政体系的法治程度，长期则会使财政结构更加健全，法治程度更高。

3. 减税降费对地方财政非税收入的影响

减税降费取得积极成效的同时，给地方财政也带来了巨大压力。

首先，减税降费会减少包括非税收入在内的财政收入，扩大财政赤字规模。因为减税方面减的主要是增值税，增值税属于中央和地方共享税，中央和地方各取50%，增值税减免以后地方税收收入减少；降费方面降低的主要是行政事业性收费，很大程度上属于地方性的非税收入，所以非税收入也会减少。税收收入和非税收入都同时降低，而由于财权上移、事权下放的问题存在，地方财政支出会加速上升，导致财政赤字扩大。

其次，减税降费也会影响地方财政的收入结构。由于地方财政赤字的扩大，在税收收入减少的时候，地方政府必然转向其他方向寻求收入。除了税收之外，地方政府还可以从中央财政的转移支付、政府性基金收入、行政事业性收费收入、国有资本经营收入等几个方面获取财政收入。因为转移支付地方政府不能主导，国有资本经营收入占比较低，且降费使行政事业性收费降低，所以地方政府极有可能会增加政府性基金收入。即地方财政收入结构会受到减税降费的影响，导致非税收入中的政府性基金收入增加，其他收入减少。

四 经济发展对非税收入的影响分析

非税收入的增长和税收收入的增长一样受到经济社会发展的影响，与经济社会发展相辅相成。首先，经济增长促进了政府非税收入的增长，其次，非税收入的增长增强了政府的财力，使得政府投入基础设施建设、制定产业政策、实施财政政策的能力加强，从而有利于未来的经济增长，实现非税收入增长和经济增长的良性循环。本部分首先分析经济增长与非税收入增长的关系，其次分析产业结构对非税收入的影响，再次分析财政支出与非税收入的关系，最后在以上分析的基础上总结非税收入随经济发展变动的规律。

（一）经济增长对非税收入的影响

经济增长对于政府非税收入的重要影响在于政府非税收入的增加从根本上来源于经济增长所带来的国民收入的不断增长，只有在经济不断增长的前提下，可供分配的国民收入才会不断增多，从而政府非税收入的来源才会更稳健。同时，经济增长也必然导致社会公共需要规模的扩张与政府管理的社会事务的增加，从而政府管理收费项目范围也随之扩大，政府非税收入也随之增加。

从表7、图10中可以看出，虽然我国政府非税收入占GDP的比重不高，但非税收入规模与我国经济总量规模整体呈现出趋同性特征。2007年至2019年，我国GDP从270092.3亿元增长到990865.1亿元，整体增长约266.86%，政府非税收入从5699.81亿元增长到32389.62亿元，整体增长约468.26%，政府非税收入的增速远高于国民经济总量的增速。

表7　　　　　2007—2019年中国GDP、非税收入情况　　　（单位：亿元）

年份	全国GDP	全国非税收入
2007	270092.3	5699.81
2008	319244.6	7106.56
2009	348517.7	8996.71
2010	412119.3	9890.72
2011	487940.2	14136.04
2012	538580.0	16639.24
2013	592963.2	18678.94
2014	643563.1	21194.72
2015	688858.2	27347.03
2016	746395.1	29244.24
2017	832035.9	28222.90
2018	919281.1	26956.98
2019	990865.1	32389.62

资料来源：国家统计局网站。

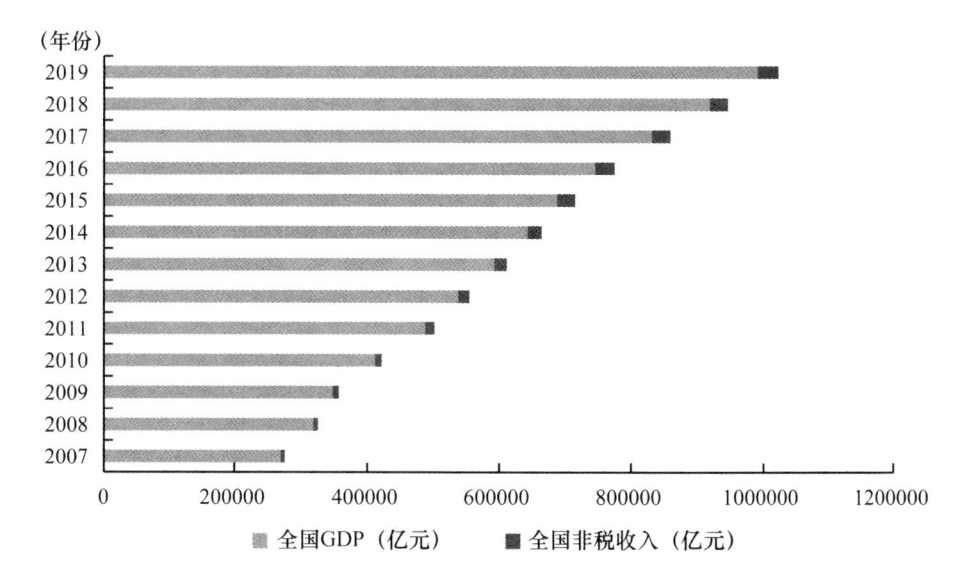

图10　2007—2019年中国GDP、非税收入情况

资料来源：国家统计局网站。

如图 11 所示，分时间段来看，2007 年至 2011 年 5 年间，我国非税收入与 GDP 均呈现一致的高速增长态势，我国名义 GDP 增速一直维持在 9% 以上，政府非税收入的增速也一直维持在 10% 以上；2012 年至 2014 年 3 年间，两者增速较之前均有所放缓，但下降幅度不大；自 2015 年开始，我国经济逐步进入发展新常态，GDP 增速持续下降，与此同时，政府非税收入也出现大幅波动，2017 年、2018 年甚至为负增长，至 2019 年又出现大幅反弹。整体来看，我国政府非税收入与国民经济整体呈现高度的变动趋同趋势，且政府非税收入的波动程度较国民经济的整体波动程度更大。

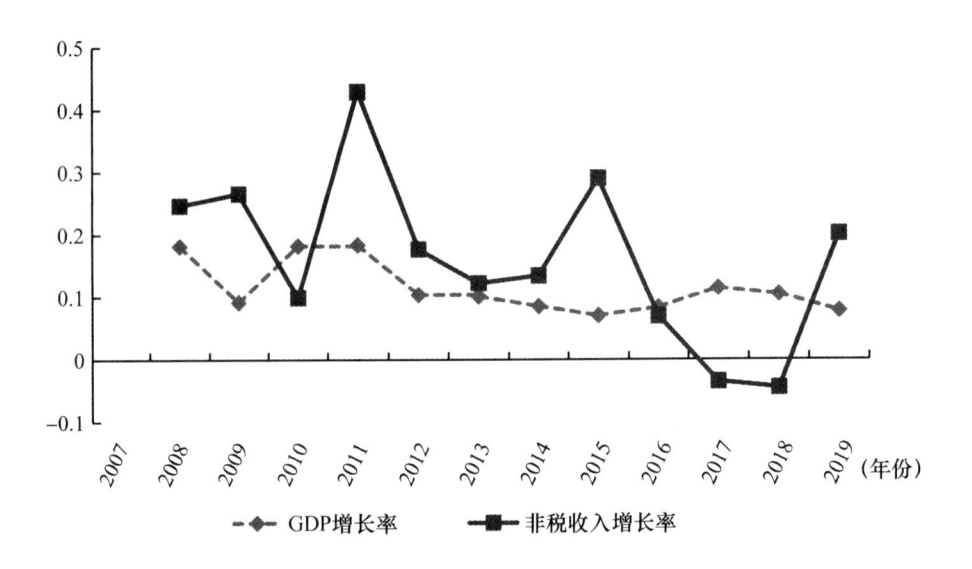

图 11　2007—2019 年中国 GDP、非税收入增长趋势

资料来源：国家统计局网站。

（二）产业结构对非税收入的影响

产业结构是一个国家经济部门同产业领域之间的关系以及具体经济数据的比例。产业结构变化对于政府非税收入增长的影响在于，产业结构的优化调整不仅有利于实现产业的可持续发展，继而拓展非税收入征收领域，促进政府非税收入的增加，同时产业结构优化调整本身也能够

促进经济政策的有效性，从而有利于促进政府非税收入征收的良性开展。

2007—2019年，我国经济在保持平稳较快增长的同时，产业结构也逐步趋于优化。其中，第一产业增加值占GDP比重不断下降，由2007年的10.25%降至2019年的7.11%，累计下降3.14个百分点；第二产业增加值占GDP比重同样持续下降，由2007年的46.88%下降到2019年的38.97%，累计下降7.91个百分点；第三产业增加值占GDP比重则在波动中大幅度地增加，由2007年的42.87%上升至2019年的53.92%，累计增加11.05个百分点。我国第三产业增加值占GDP比重的持续上升以及第一、第二产业占GDP比重的持续下降表明了长期以来我国的产业结构得到了持续的优化升级。

表8　　　　　2007—2019年我国GDP与三次产业增加值　　（单位：亿元）

年份	GDP	第一产业增加值	第二产业增加值	第三产业增加值	非税收入
2007	270092.30	27674.10	126630.50	115787.70	5699.81
2008	319244.60	32464.10	149952.90	136827.50	7106.56
2009	348517.70	33583.80	160168.80	154765.10	8996.71
2010	412119.30	38430.80	191626.50	182061.90	9890.72
2011	487940.20	44781.50	227035.10	216123.60	14136.04
2012	538580.00	49084.60	244639.10	244856.20	16639.24
2013	592963.20	53028.10	261951.60	277983.50	18678.94
2014	643563.10	55626.30	277282.80	310654.00	21194.72
2015	688858.20	57774.60	281338.90	349744.70	27347.03
2016	746395.10	60139.20	295427.80	390828.10	29244.24
2017	832035.90	62099.50	331580.20	438355.90	28222.90
2018	919281.10	64745.20	364835.20	489700.80	26956.98
2019	990865.10	70466.70	386165.30	534233.10	32389.62

资料来源：国家统计局。

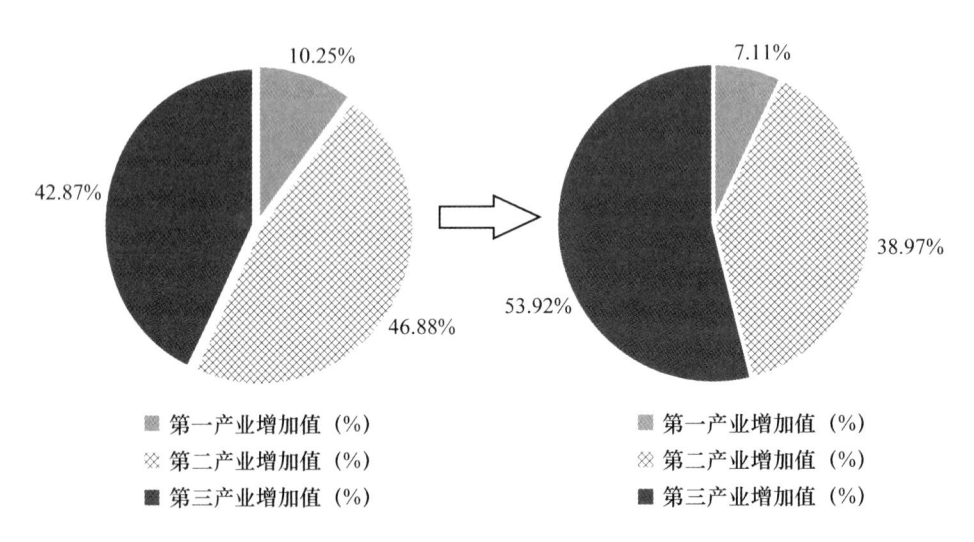

图12 2007年和2019年中国三次产业增加值占GDP比重变化

资料来源：国家统计局。

如图13所示，虽然我国政府非税收入增长率与我国三次产业相比

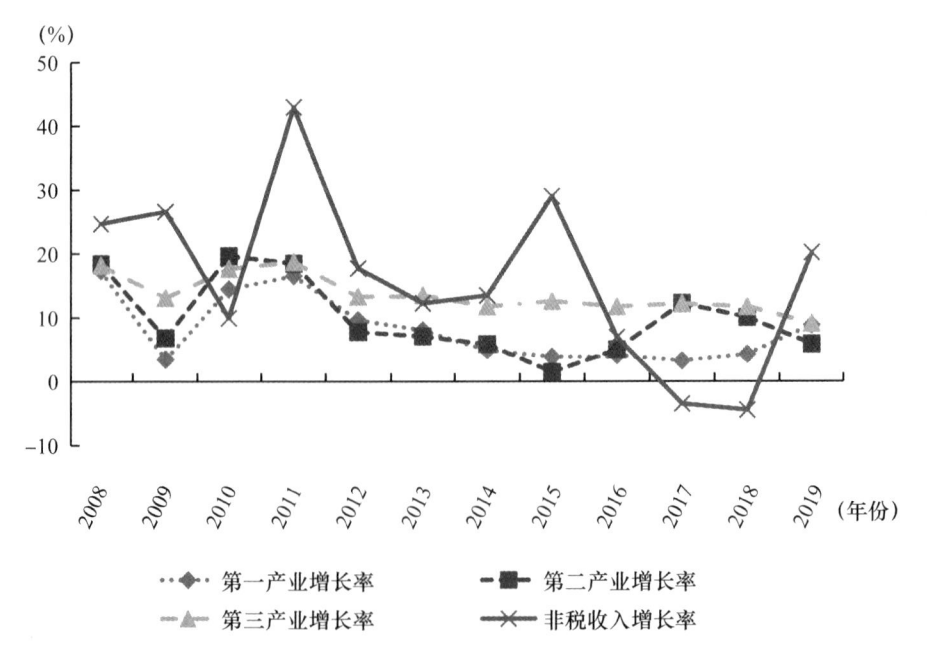

图13 2008—2019年中国三次产业增长率与非税收入增长率

资料来源：国家统计局。

均显现出较大的波动性，但是与第三产业比较两者更具类似的变动规律。特别是2010年后，在我国第三产业所占比重持续上升的同时，我国政府非税收入出现了大幅增长，而2015年后，我国第三产业增长逐步放缓，非税收入更是出现了大幅的下降。因此，产业结构与非税收入具有良性的关系，产业结构的优化升级对政府非税收入的增长具有积极的促进作用。

（三）财政支出结构对非税收入的影响

政府财政支出一般可以分为三类：维持性支出、民生性支出和生产性支出。维持性支出包括一般公共服务支出、公共安全支出；民生性支出包括教育、科学技术、文化体育与传媒、医疗卫生、社会保障和就业、住房保障支出；生产性支出包括农林水事务、城乡社区事务、交通运输、环境保护、资源勘探电力信息等事务、商业服务业等事务、金融监管等事务、国土资源气象等事务、粮油物资储备管理等事务。依据"量入为出"的原则，政府支出的规模也成为政府非税收入征收规模的依据。

如表9所示，2007—2018年，我国总财政支出从49781.35亿元增长到220904.13亿元，维持性支出从12000.40亿元增长到32156.17亿元，民生性支出从13456.42亿元增长到81038.51亿元，非税收入从5699.81亿元增长到26956.98亿元。总财政支出、维持性支出、民生性支出分别实现了4.44倍、2.68倍、6.02倍的增长，非税收入增长了4.73倍。整体来看，伴随着各项财政支出的增长，政府非税收入也随之增长，且政府非税收入增长幅度与总财政支出增长幅度相当。

表9　　　　2007—2018年全国各项财政支出及非税收入　　（单位：亿元）

年份	总财政支出	维持性支出	生产性支出	民生性支出	非税收入
2007	49781.35	12000.40	17593.78	13465.42	5699.81
2008	62592.66	13855.68	22278.28	19098.43	7106.56

续表

年份	总财政支出	维持性支出	生产性支出	民生性支出	非税收入
2009	76299.93	13908.30	27434.25	26552.09	8996.71
2010	89874.16	14854.86	34601.10	32115.23	9890.72
2011	109247.79	17292.05	43578.31	39128.70	14136.04
2012	125952.97	19812.06	52273.33	44359.45	16639.24
2013	140212.10	21541.91	56881.44	50750.58	18678.94
2014	151785.56	21624.73	62237.10	56018.16	21194.72
2015	175877.77	22927.75	71979.98	67731.33	27347.03
2016	187755.21	25822.48	79326.39	70459.21	29244.24
2017	203085.49	28971.63	86426.89	75003.54	28222.9
2018	220904.13	32156.17	93529.99	81038.51	26956.98

资料来源：中国统计年鉴、国家统计局官方网站。

如图14所示，自2007年开始，我国生产性支出比重、民生性支出

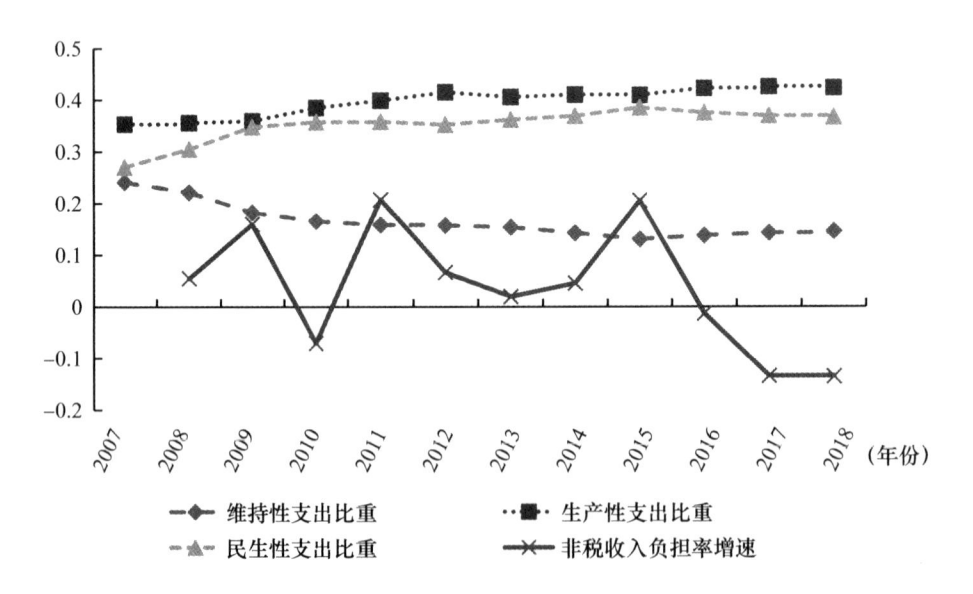

图14　2007—2018年全国各项财政支出比重及非税收入负担率增速

注：非税收入负担率＝非税收入/当年国内生产总值。

资料来源：国家统计局官方网站。

的比重不断增加，维持性支出比重则逐渐下降，而我国2007—2018年非税收入负担率增速整体呈现下降趋势，2017年和2018年甚至出现负增长。因此，我国各项财政支出与非税收入增速的走势并不一致，三种财政支出对政府非税收入的影响也不尽相同。

一般而言，如果政府财政支出出现持续刚性增长，那么一般公共预算收入将难以满足其需要，此时就会增加对非税收入的需求，这就导致地方行政管理支出比例越高，维持性支出越多，非税收入比例也会相应越高。因此，根本而言，我国非税收入的增长是同我国政府财政支出的持续增长相适应的，政府财政支出成为制约非税收入变动趋势的决定性因素。

同时，政府非税收入是政府机构提供特定公共服务或者准公共服务时征收或者收取的财政资金。当地方政府的民生性财政支出增加，更多的准公共物品生产成本将会由政府分担，这就可以相对削减居民对这些公共服务的消费支出，进而减缓非税收入规模的增长。对于企业而言，政府公共服务供给水平的提高，能够改善其营商环境，有利于地方招商引资，如果政府设立更多的涉企行政事业性收费，会使得公共服务对于社会资本的吸引力减弱。因此，整体而言，地方政府增加公共服务支出，会倒逼地方降低对非税收入征管，这也成为近年来我国政府非税收入增速缓慢下降的重要原因。

生产性财政支出对非税收入的影响呈双向性：一方面，地方政府的基础设施建设等会挤占一部分民生性财政支出，不利于减缓非税收入增长；另一方面，生产性支出的增加，会通过招商引资等方式促进当地经济增长，使得税源扩大、税收增长，这又会削弱地方政府对非税收入征管的激励，从而对非税收入增速也起到了一定的抑制作用。

（四）非税收入随经济发展变动的规律

首先，政府非税收入的规模和变动趋势同一国经济发展水平密切相关。一方面，社会经济的发展必然导致社会公共需要规模的扩张与政府管理社会事务的增加，相应政府管理收费项目范围也会随之扩张、政府非税收入也随之增加，从而政府非税收入将经历同经济发展趋同的增长过程。另一方面，随着政府民生性财政支出、生产性财政支出等的增加，也相对削减了居民、企业对公共服务的消费支出，减缓了非税收入规模的持续扩大，进而政府非税收入呈现增速递减的态势。

在世界上多数国家，非税收入在政府收入结构中占辅助地位，税收占主导地位。但在我国，非税收入在财政收入中的占比相对较高，特别对于地方政府而言，有的非税收入甚至超过了地方税收收入。以省级数据为例，江苏省 2017 年全省非税收入为 1687.21 亿元，广东省 2018 年全省非税收入为 2367.74 亿元。规模如此庞大的非税收入，无疑与我国当前的经济发展水平是密切相关的。

其次，政府非税收入的规模和变动趋势同一国产业结构状况密切相关。反映产业结构协调化与高级化的第三产业在国民经济中所占比重越大，则政府非税收入增长越快，第三产业发展的波动性越大，则政府非税收入波动更加剧烈。因此，从政府非税收入的来源来看，第三产业规模成为决定其规模的基本要素。

最后，政府非税收入的规模和变动趋势与政府财政支出的规模与增速也密切相关，并趋于一致。从财政支出的结构来看，维持性支出比重的下降将有利于非税收入规模的下降，生产性支出比重、民生性支出比重的不断增加，也会倒逼地方降低对非税收入的征收，从而致使政府非税收入增速缓慢下降。

当前，为顺应世界经济格局的变动和应对产业结构的升级，我国政府的职能也必将从全能型政府向民生政府转变，因此我国政府非税收入的增速甚至规模也必将趋于下降。同时，随着规范且有效的管理手段的运用、严格且完善的管理条例的实施，非税收入的征管模式将更加系统化与规范化，其将更具效率地推动我国社会经济的发展。

五 各地区非税收入的发展趋势及因素分析

由于我国地区经济发展不平衡，各省份的经济发展水平和经济结构存在很大差异，各地区非税收入占比和增长存在差异，影响非税收入增长的因素也有所不同。本部分分析各省份非税收入的增长情况，非税收入结构变化的地区差异，以及影响各省份非税收入变化的主要因素。

（一）各省份非税收入的增长情况

随着我国经济迈向高质量发展阶段，作为国家治理基础和重要支柱的财政将面临一项重大任务——如何在自身可持续发展的前提下支撑起国家治理体系和治理能力现代化？非税收入作为财政收入的重要组成部分，其规范化管理以及合理利用对增加国家宏观调控能力、调动地方各级政府和部门的积极性、弥补财政预算资金的不足、兴办公益事业以及促进地方经济发展都将起到积极的促进作用。

下文通过对东部、中部、西部[①]2007年至2018年12年间的非税收入水平进行对比分析，进一步从横向研究我国各区域非税收入的增长情况。

从图15可以看出，2007年以来，我国三大区域非税收入规模持续扩大，2007年东部、中部和西部地区非税收入分别为2016.10亿元、1195.34亿元和1109.06亿元，而在2018年三大区域分别达到10926.81亿元、5729.85亿元和5291.93亿元，分别比2007年增长了

---

① 本书中所指东部地区包括：北京、天津、河北、辽宁、上海、江苏、浙江、福建、山东、广东和海南；中部地区包括：山西、吉林、黑龙江、安徽、江西、河南、湖北和湖南；西部地区包括内蒙古、广西、重庆、四川、贵州、云南、西藏、陕西、甘肃、青海、宁夏和新疆。

5.42 倍、4.79 倍和 4.77 倍。从三大地区非税收入占全国非税总收入的比重来看,东部地区由于经济比较发达,其非税收入基本上占全国非税收入的 47% 左右,尤其是在 2017 年这一比例高达 50.04%,2018 年也达到 49.78%,东部地区非税收入是全国非税收入最重要的来源地区。从其他两大地区的情况来看,中部地区的非税收入总量与西部地区的非税收入总量接近,二者之和基本与东部地区持平。

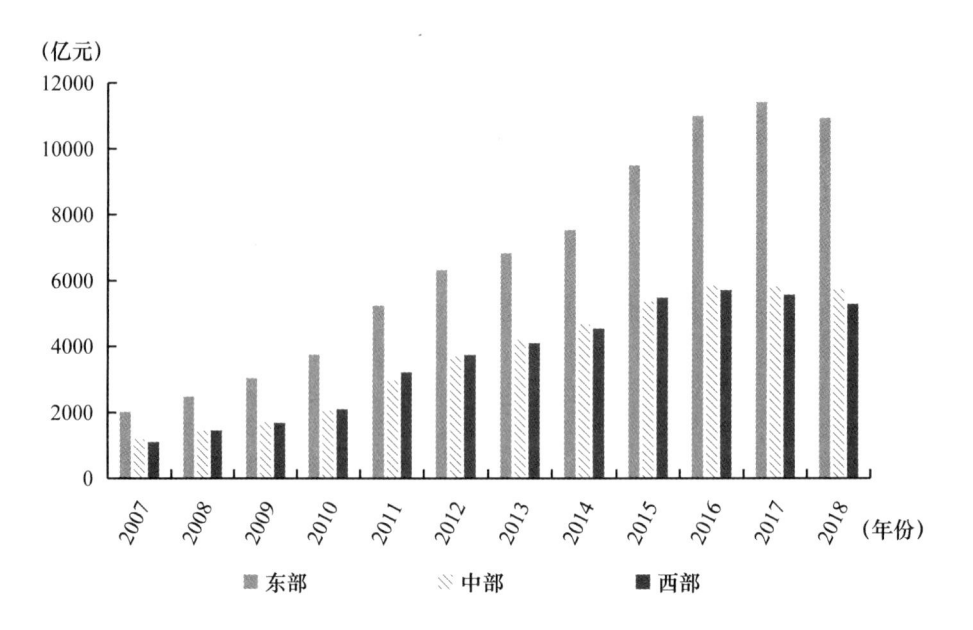

图 15 2007—2018 年东部、中部、西部非税收入

资料来源:国家统计局。

从图 16 可以看出,我国东部地区、中部地区、西部地区非税收入增速呈现以下特征。

第一,全国各地非税收入的增速整体呈下降趋势。其中,中部地区各省的平均增速均小于东部地区和西部地区增速。

第二,从各区域增速的变动率来看,非税收入增速变化幅度最大的是西部地区,幅度最小的是东部地区。2007—2018 年,西部地区非税收入增速变化范围为 23.98%—5.22%,变动幅度为 18.76 个百分点,

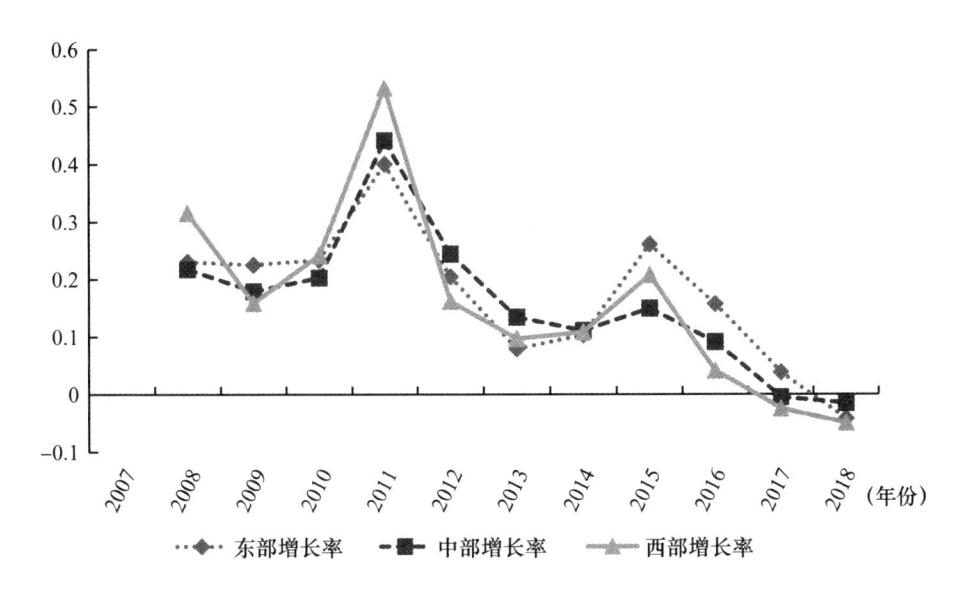

图 16　2007—2018 年中国东部、中部、西部非税收入增长率

资料来源：国家统计局。

其中 2011 年的增速上升最快，高于东部地区和西部地区。中部地区非税收入增速变化范围为 17.87%—1.55%，变动幅度为 16.32 个百分点。东部地区非税收入增速变动幅度最小，变化范围为 18.72%—4.41%，变动幅度为 14.31 个百分点。从而，西部地区的非税收入对我国宏观经济的变动最为敏感。

第三，从非税收入增长率的变化趋势来看，2007 年至 2018 年东部、中部、西部地区增长速度相差很小，且趋势同步。从 2007 年开始到 2011 年结束，三个区域非税收入增长率均呈上升态势，其中，西部地区增速在 2011 年达到 18% 的峰值，远高于同期东部、中部区域水平；从 2012 年开始到 2014 年结束，三个区域的非税收入增长率均呈下降态势，其中，从 2012 年开始中部地区非税收入增速开始超越西部并遥遥领先；在经历了 2015 年的短暂上升以后，三个区域的非税收入增长率重新呈现下降态势，其中，东部地区非税收入增速略高于其他两个区域的非税收入增速。可以看出,非税收入作为政府财政收入的重要补充,同经济发展水平显著相关,虽然正常情况下其必然呈现先上升后下降的趋势,但在经济发达区域其变动过程将更加平缓。

(二)各省份非税收入的结构变化

2007年至2018年,我国东部、中部和西部地区非税收入结构中,专项收入、行政事业性收费收入、罚没收入、国有资本经营收入、国有资源资产收入、其他收入的情况,如表10、表11、表12所示。

表10　　　　　东部地区各项非税收入情况　　　　（单位:亿元）

年份	专项收入	行政事业性收费收入	罚没收入	国有资本经营收入	国有资源资产收入	其他收入
2007	503.40	756.82	431.89	—	—	323.99
2008	570.31	856.51	458.18	295.72	213.43	86.29
2009	570.59	951.91	488.52	465.13	376.09	186.68
2010	685.36	1298.55	537.90	512.44	538.84	176.31
2011	1055.52	1703.23	662.46	604.70	897.55	327.17
2012	1175.30	1938.64	769.65	669.59	1324.53	446.30
2013	1273.49	2040.20	794.99	643.17	1524.94	549.28
2014	1313.15	2171.58	788.51	549.01	1952.53	757.91
2015	3226.42	1955.35	875.65	130.40	2427.29	882.10
2016	3699.67	1927.90	943.30	194.20	2918.91	889.19
2017	3945.66	1871.77	1141.94	118.59	3201.58	1130.02
2018	4235.60	1487.06	1287.93	92.92	2874.25	949.05

资料来源:国家统计局。

表 11　　　　　　　　中部地区各项非税收入情况　　　　　　（单位：亿元）

年份	专项收入	行政事业性收费收入	罚没收入	国有资本经营收入	国有资源资产收入	其他收入
2007	295.22	426.02	223.53	—	—	250.58
2008	410.66	485.87	245.83	128.91	111.89	72.18
2009	385.88	566.18	264.32	183.48	190.24	125.73
2010	495.40	686.56	290.85	208.73	261.87	119.99
2011	604.82	1037.48	352.90	261.37	439.14	278.12
2012	708.12	1228.38	439.17	310.68	705.01	308.19
2013	832.77	1258.36	478.59	282.60	995.60	348.14
2014	976.75	1371.78	497.96	269.80	1157.46	387.90
2015	1497.78	1284.52	504.76	224.21	1405.19	442.00
2016	1246.49	1278.32	499.10	254.27	1911.85	458.67
2017	1294.56	1287.59	575.12	234.79	1797.32	629.38
2018	1542.18	1018.11	689.32	127.09	1799.64	553.49

资料来源：国家统计局。

表 12　　　　　　　　西部地区各项非税收入情况　　　　　　（单位：亿元）

年份	专项收入	行政事业性收费收入	罚没收入	国有资本经营收入	国有资源资产收入	其他收入
2007	289.54	360.86	156.59	—	—	302.08
2008	372.48	419.60	162.67	265.47	93.33	145.36
2009	456.81	439.41	185.77	291.63	184.72	132.06
2010	561.95	615.26	214.11	291.57	273.25	142.62
2011	1034.66	894.61	247.26	332.80	444.91	261.62
2012	936.55	1035.32	310.63	355.65	710.77	386.74
2013	1015.96	1198.79	339.76	257.87	894.68	391.10
2014	1014.87	1296.98	346.43	327.53	1077.69	478.84
2015	1686.14	1172.21	382.51	336.14	1388.25	519.17
2016	1240.72	1210.28	409.11	409.18	1821.67	359.65
2017	1279.93	1145.84	445.03	213.68	1923.39	560.49
2018	1419.66	1015.72	514.95	136.25	1612.98	592.40

资料来源：国家统计局。

从图可以看出，从东中西部各项非税收入构成占比年平均值来看，三个地区存在一致性。行政事业性收费收入占非税收入的比重最大，其次是专项收入，这充分体现了非税收入的征收对象是行政事业单位。分项目来看，东部地区专项收入占非税收入总量的25.06%，行政事业性收费收入占非税收入总量的27.33%，罚没收入占非税收入总量的13.07%，国有资源（资产）收入占非税收入总量的20.74%；中部地区专项收入占非税收入总量的23.18%，行政事业性收费收入占非税收入总量的29.04%，罚没收入占非税收入总量的12.57%，国有资源（资产）收入占非税收入总量的21.37%；西部地区专项收入占非税收入总量的26.01%，行政事业性收费收入占非税收入总量的26.02%，罚没收入占非税收入总量的9.19%，国有资源（资产）收入占非税收入总量的21.00%；西部地区专项收入在非税收入中的比重最大，而中部地区行政事业性收费收入在非税收入中的比重最大，东部地区专项收入和行政事业性收费收入在非税收入中的比重相当。

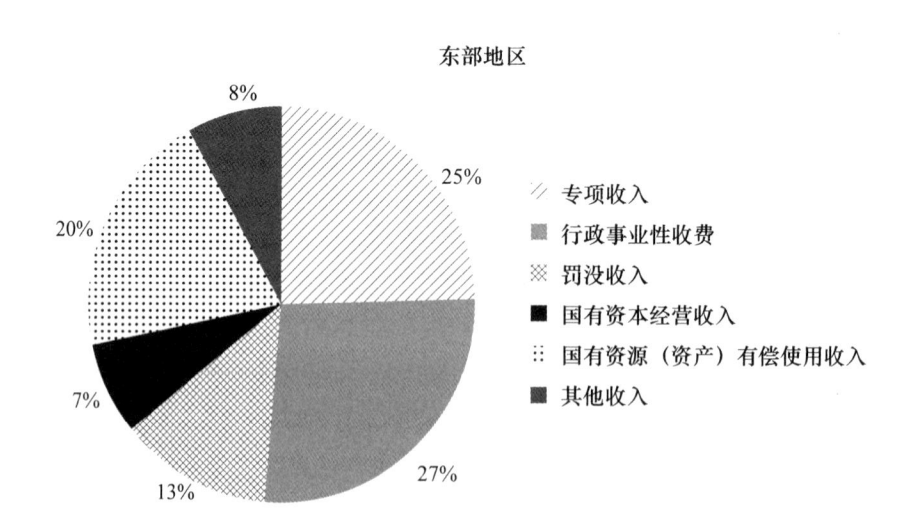

东部地区

- 专项收入 25%
- 行政事业性收费 27%
- 罚没收入 13%
- 国有资本经营收入 7%
- 国有资源（资产）有偿使用收入 20%
- 其他收入 8%

政府非税收入的占比、结构和影响研究

中部地区

- 专项收入 23%
- 行政事业性收费 28%
- 罚没收入 12%
- 国有资本经营收入 7%
- 国有资源（资产）有偿使用收入 21%
- 其他收入 9%

西部地区

- 专项收入 25%
- 行政事业性收费 26%
- 罚没收入 9%
- 国有资本经营收入 9%
- 国有资源（资产）有偿使用收入 21%
- 其他收入 10%

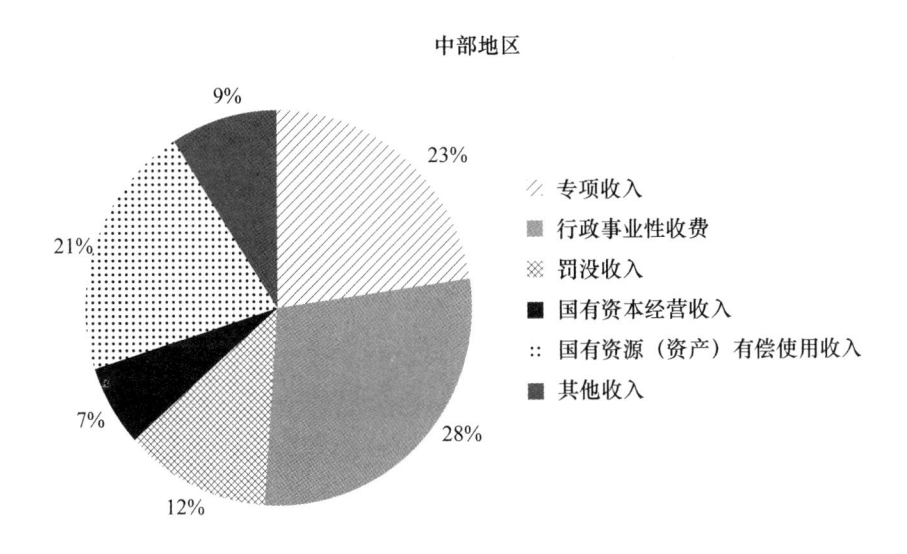

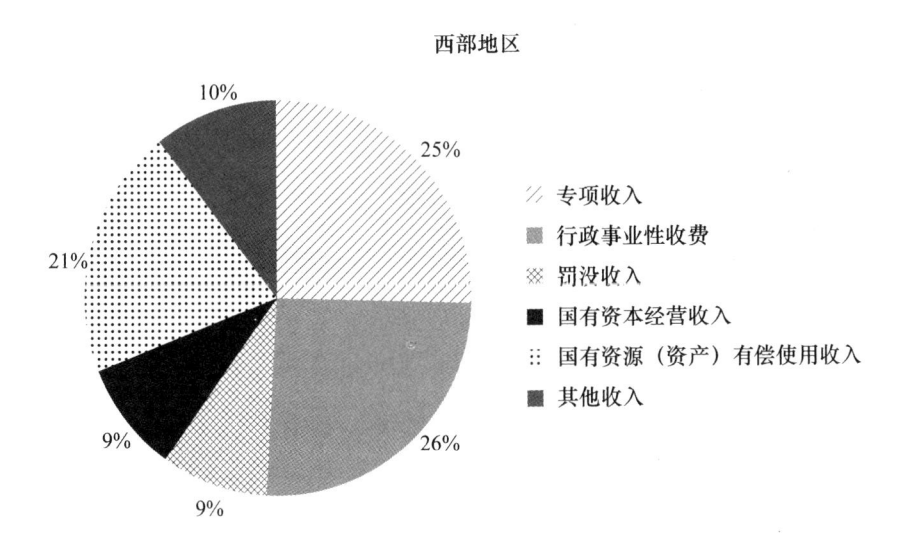

图17 东、中、西部地区非税收入构成占比年平均值

从图18可以看出，我国东部地区非税收入结构更加趋于合理化。2007年，东部地区非税收入只包括了专项收入、行政事业性收费收入、罚没收入和其他收入，其中行政事业性收费收入占非税收入的比重最多，占非税收入的37.54%；专项收入和罚没收入分别占非税收入的

24.97%和21.42%，占比基本相同；其他收入占非税收入比重是16.07%，在所列项目中比重最小。至2018年，非税收入项目构成在2007年的基础上增加了国有资本经营收入和国有资源（资产）有偿使用收入两项。其中，国有资本经营收入占非税收入的0.85%，在所有构成部分中占比最低；而国有资源（资产）收入占非税收入总量的26.30%，成为了非税收入的重要来源之一；行政事业性收费收入和罚没收入分别占非税收入的13.61%和11.79%；其他收入占非税收入比重是8.69%。较之于2007年的24.97%，专项收入占非税收入的比重在2018年增加至38.76%，上升13.79个百分点；而罚没收入和行政事业性收费收入均大幅度下降，从2007年到2018年两者分别下降了9.64个百分点和23.93个百分点。专项收入占比持续上升和罚没收入、行政事业性收费收入的占比持续下降，表明我国东部地区非税收入结构更加合理。

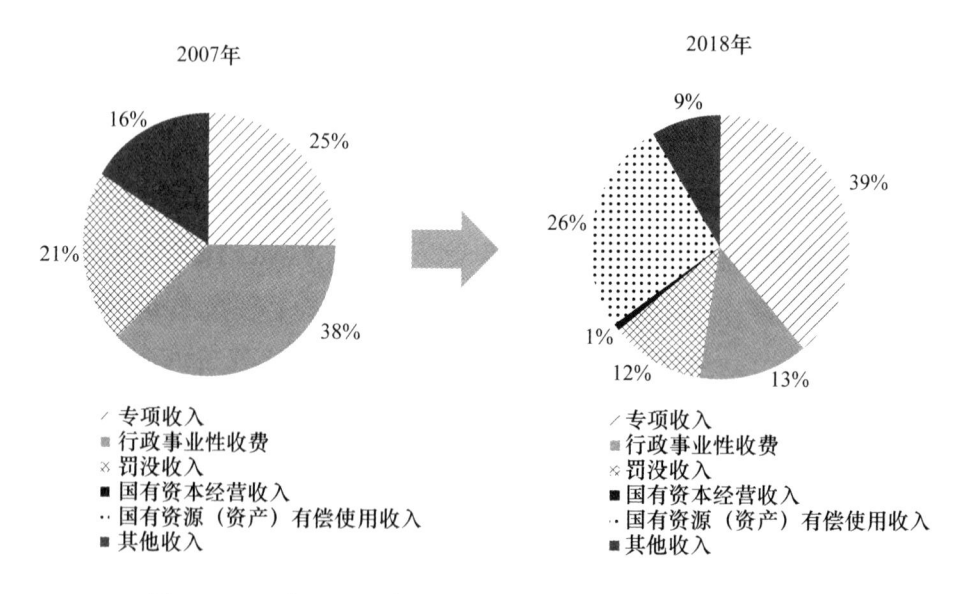

图18 2007年、2018年我国东部地区非税收入结构各项占比

从图19可以看出，我国中部地区非税收入呈现出行政事业性收入

规模大幅减少的显著特征。行政事业性收入占非税收入总量的比重从2007年35.64%下降到2018年的17.77%。这和国家近年来采取的一系列降费清费政策,减轻企业负担降低企业成本密不可分。至2018年,国有资源(资产)有偿使用收入和专项收入在中部地区非税收入中占比较大,分别为31.41%和26.91%。早年中部地区财政过度依赖非税收入,非税收入平均增长速度较快,收入质量恶化问题突出,成为制约中部财政收支可持续发展的重要因素。同时,受国家调整部分行政事业性收费及政府性基金项目等影响,非税收入宏观调控能力减弱,必须挖掘新的财政非税收入增长点,确保形成可用财力。随着非税收入在中部地区管理的科学化、系统化、规范化,非税收入结构越来越合理,各项占比逐渐同东部地区趋向一致。

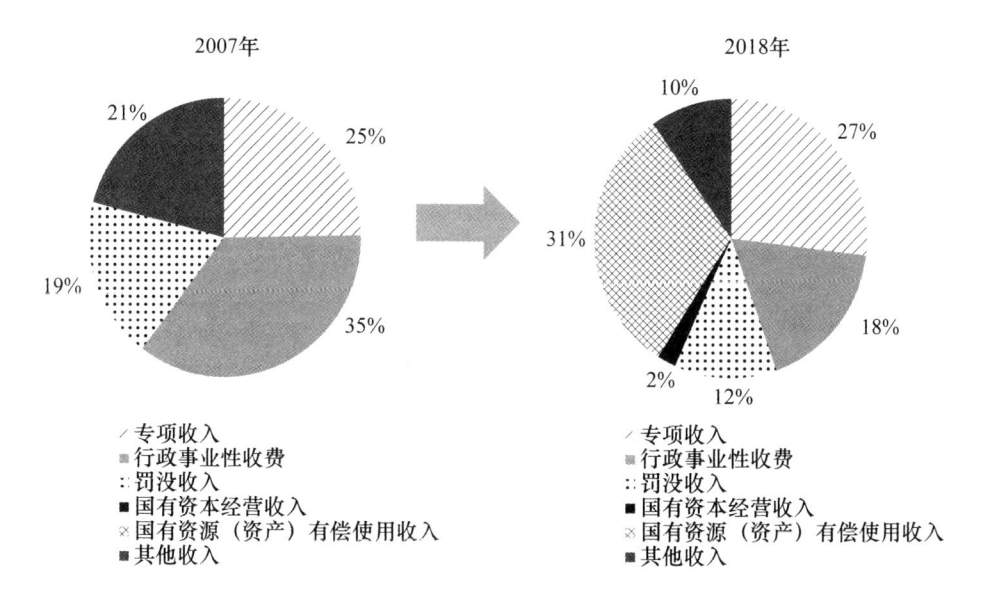

图19 2007年、2018年中国中部地区非税收入结构各项占比情况

资料来源:国家统计局。

从图20可以看出,西部地区政府非税收入结构较之于东部地区、中部地区,各项收入占比更加的均衡。2007年西部地区专项收入占非税收入总量的 26.11%、行政事业性收费收入占非税收入总量的 32.54%，专项收入占比比行政事业性收费收入占比低 6.43 个百分点。至 2018 年，专项收入、行政事业性收费收入占比分别为 26.83%、19.19%，两者占比差距仍然不大。

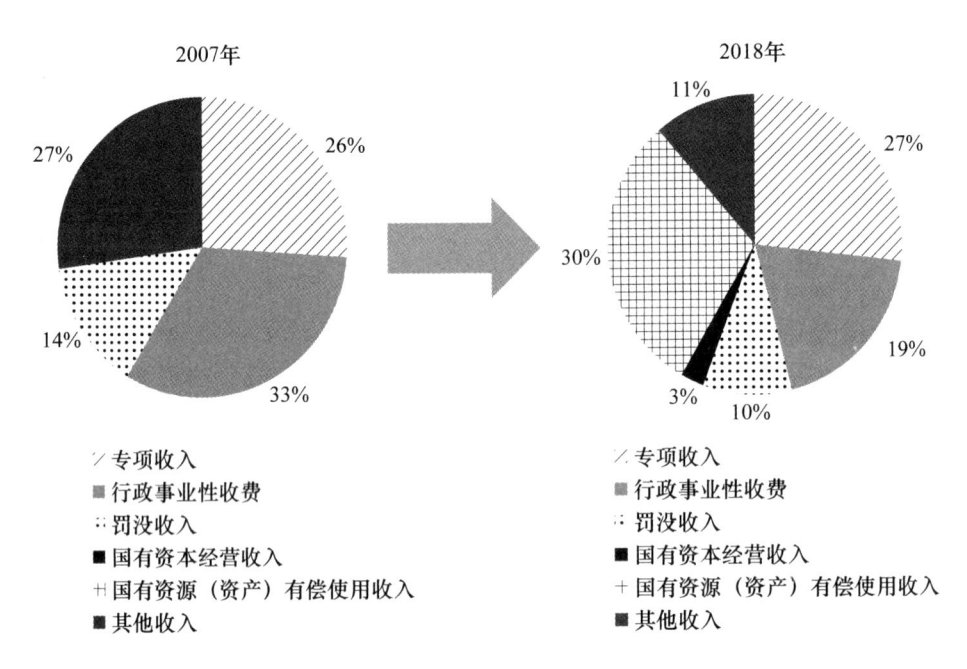

图 20 2007 年、2018 年我国西部地区非税收入结构各项占比

（三）各省份非税收入的影响因素分析

1. "减税降费"对非税收入的影响

2019 年政府工作报告明确提出："减税降费直击当前市场主体的痛点和难点，是既公平又有效率的政策。"一般而言，"减税降费"具体包括"税收减免"和"取消或停征行政事业性收费"两部分，其中行政事业性收费收入属于政府非税收入范畴。2019 年 1 月至 11 月，全国非税收入累计 29268 亿元，同比增加 5936 亿元，增长 25.4%。非税收入增幅较高，主要是来源于特定国有金融机构和国企上缴的利润，以及多渠道盘活国有资源资产等方式增加的收入。此外，国有资源资产有偿

使用收入为6917亿元，同比增加922亿元，增长15.4%，主要是地方行政事业单位资产等非经营性资产收入集中入库，以上两项合计增收额占全国非税收入增收额的93%，拉高全国非税收入增幅24个百分点。

2. 管理监督机制对非税收入的影响

当前，我国关于政府非税收入监管的规定还不完善、不系统，特别是在政府罚没收入的实施方面，并没有明确的规定，致使政府罚没收入在流失的情况下，财政部门因无法可依，从而无所作为，严重损害政府对罚没监督的严肃性和权威性。同时，中国非税收入由于存在多头管理的格局，相互之间有争夺利益的倾向，导致不能共享信息、不能相互利用结论，造成资源浪费，提高了监督成本，降低了监督效率，使得多种监督形式趋同，只注重征收非税收入这一单一的手段，而不注重监督和激励，造成监督系统缺乏全面性。建立监察考核机制，加强部门监督，督促相关部门合法、有效、有序地进行征管，实行合理的奖惩制度，加强信息公开，成为未来完善非税收入监管的有效途径。

3. 财政支出结构和效率对非税收入影响

地方政府财政支出结构与支出效率的变化可以通过影响当地的财政压力大小和公共服务水平，改变地方对非税收入的征管激励。由于地方政府的财政压力，一方面，地方政府有可能通过非税收入增加财政收入缩小财政缺口；另一方面，当前一年财政压力加大后，地方政府会通过不规范的税收征管活动增加企业税收负担。而从财政支出角度，则可以通过减少支出或者提高支出资金使用效率、增加产出等方面缓解财政压力。合理和高效的财政支出可能会削弱地方政府对非税收入征管的激励，非税收入增速也能得到一定的控制。

4. 政府管理理念与管理水平对非税收入的影响

国家相关的法律、法规和规章对非税收入各项目做了规范。国务院及省、自治区、直辖市人大及地方政府根据国家法律规定，结合自身的情况制定了配套的规则。但是，如果管理不规范，反而会使非税收入增加。以非税收入中的罚没收入为例，一直以来，我国普遍存在交通管理部门、卫生部门、环保部门、治安部门、质检部门等许多执法部门的"以罚代管"问题，执法者如果发现有违规或违章的行为，往往都是采用罚款来作为主要的执法手段，而不是教导、教育等，使得执法部门将罚款作为唯一可行的行政执法手段。完善非税收入管理机制，规范和加强非税收入管理，提高政府管理水平可以有效遏制"三乱"现象，防止自主收费、重复收费、"搭车"收费、超标收费等行为，为地方经济发展创造一个良好的环境，从而政府管理理念的转变也成为我国各省份非税收入的重要影响因素。

六　云南非税收入的结构及变动趋势

云南作为经济发展相对落后的省，非税收入的结构和变动趋势和全国存在一定差异，具体表现为云南非税收入在地方财政一般预算收入所占的比重大，地方财政行政事业性收费收入较多，地方财政国有资本经营收入不足，对地方财政国有资源资产有偿使用收入的依赖较大等方面。本部分对云南非税收入的结构及变动趋势进行分析，并对比云南与相邻省的非税收入，最后分析云南非税收入的特点和原因。

（一）云南非税收入的基本结构

非税收入在云南地方财政一般预算收入中所占的比重一直比较高，2019 年云南非税收入占地方财政一般预算收入的比重为 30.04%，远远高于全国 17% 的水平，说明相对于全国，非税收入对云南财政收入更为重要。

如表 13 所示，2009 年到 2019 年，云南地方财政一般预算收入从 698.25 亿元增长到 2073.55 亿元，增长了 1.97 倍，年均增长率为 10.40%；同期地方财政税收收入从 548.11 亿元增长到 1450.63 亿元，增长了 1.65 倍,年均增长率为 9.25%;而地方财政非税收入则从 150.14 亿元增长到 622.92 亿元,增长了 3.15 倍,年均增长率为 13.81%。非税收入的增长速度大幅度高于税收收入的增长速度,云南对非税收入的依赖呈上升趋势。

表13　　　　　云南财政一般预算收入构成情况及变化

项目	收入（亿元） 2009 年	收入（亿元） 2019 年	增长倍数	年均增长率（%）
地方财政一般预算收入	698.25	2073.55	1.97	10.40
1. 地方财政税收收入	548.11	1450.63	1.65	9.25
2. 地方财政非税收入	150.14	622.92	3.15	13.81
2.1　地方财政专项收入	42.2	178.42	3.23	14.00
2.2　地方财政行政事业性收费收入	29.04	97.07	2.34	11.59
2.3　地方财政罚没收入	32.68	64.18	0.96	6.33
2.4　地方财政国有资本经营收入	13.08	20.18	0.54	4.02
2.5　地方财政国有资源资产有偿使用收入	10.44	186.02	16.82	29.93
2.6　地方财政其他非税收入	22.7	77.05	2.39	11.75

资料来源:国家统计局、财政部网站。

分项目来看,云南省非税收入增长最快的是地方财政国有资源资产有偿使用收入。2009 年到 2019 年,云南国有资源资产有偿使用收入从 10.44 亿元增长到了 186.02 亿元,增长了 16.82 倍,年均增长率高达 29.93%。其次是地方财政专项收入,从 42.2 亿元增长到了 178.42 亿元,增长了 3.23 倍,年均增长率达 14.00%。此外,增长率超过地方财政一般预算收入还有地方财政行政事业性收费收入和地方财政其他非税收入，分别从2009年的29.04亿元和22.7亿元增长到2019年的97.07亿元和77.05亿元，分别增长了2.34倍和2.39倍，增长率分别为11.59%和11.75%。

云南仅有两项非税收入的增长率低于地方财政一般预算收入的增长率，分别是地方财政罚没收入和地方财政国有资本经营收入，分别从2009年的32.68亿元和13.08亿元增长到2019年的64.18亿元和20.18亿元，分别增长了0.96倍和0.54倍，增长率分别为6.33%和4.02%。

从图21、图22所示云南非税收入的结构变化来看，2009年至2019年，专项收入在非税收入中所占的比重较为稳定，一直维持在28%左右；比重上升的仅有国有资源资产有偿使用收入，占比从6.95%大幅度上升到29.86%。其他项目的比重均有所下降，行政事业性收入比重有明显下降，从占比19.34%下降到了15.58%；罚没收入占比大幅度下降，从21.76%下降到了10.30%；国有资本经营收入占比从8.71%下降到了3.24%；其他非税收入占比从15.12%下降到了12.37%。

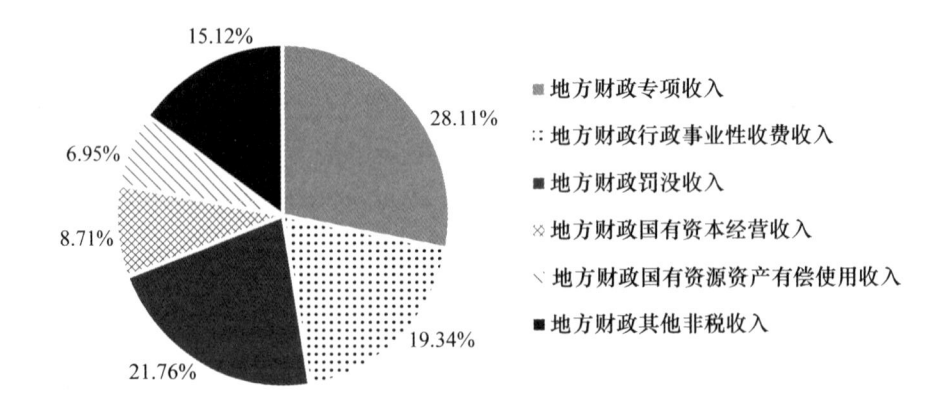

图21　2009年云南非税收入结构

资料来源：国家统计局、财政部网站。

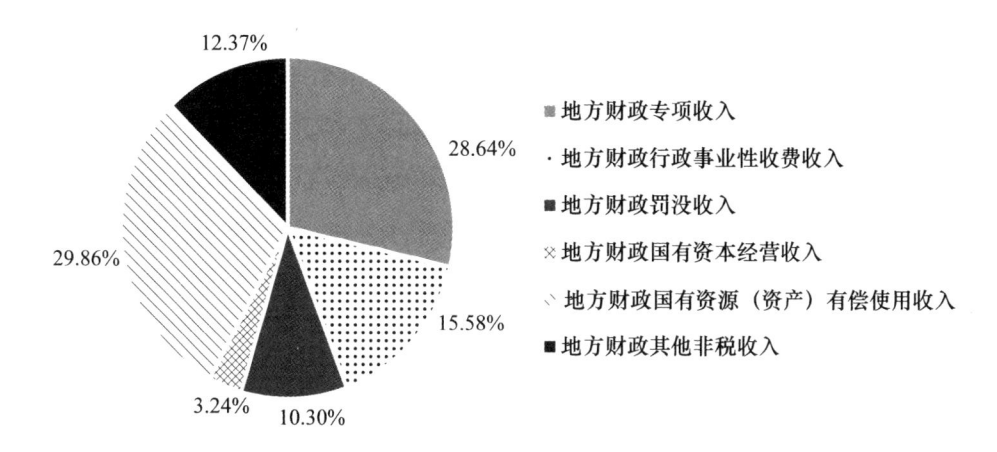

图22　2019年云南非税收入结构

资料来源：国家统计局、财政部网站。

（二）云南非税收入与预算收入比较

非税收入作为税收收入的重要补充，对政府维持收支平衡具有重要意义。在税收收入增长乏力，不能满足收支平衡的需要时，政府就会倾向于扩大非税收入的规模，从而导致政府收入的比例失调。本部分对云南财政一般预算收入和非税收入的增长变动趋势进行比较分析。

如图23所示，云南财政一般预算收入在2007年到2013年间处于高速增长阶段，除了2009年的增长率仅为13.71%外，年均增长率均高于20%，明显超过同期GDP的增长速度。然而，从2014年起财政一般预算收入的增长就进入了低增长区间，增长迅速下降到5%左右，一方面我国从高速增长进入平稳增长时期，另一方面国家也采取了一系列减税降费政策促进增长，双重压力下财政一般预算收入进入低速增长时期。

如图24所示，云南非税收入的增长表现出不同的特征，总体的变动趋势与财政收入增长相似，但波动性明显大于财政收入的增长。在财政收入高速增长时期最高曾达到2013年的44.26%，最低则为2010年的12.57%。而在财政收入进入下降区间的前两年（2014年和2015年），

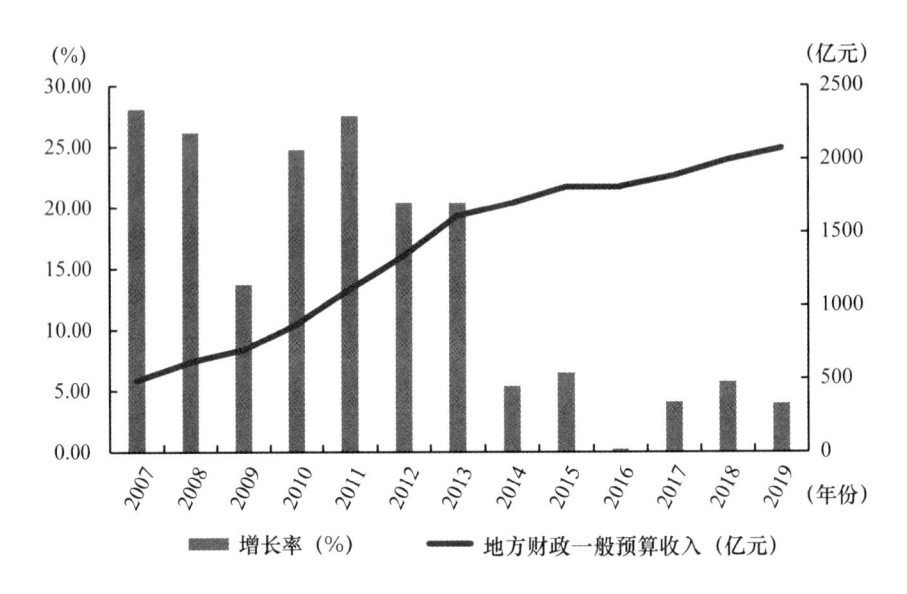

图23 云南一般预算收入增长情况

资料来源：国家统计局、财政部网站。

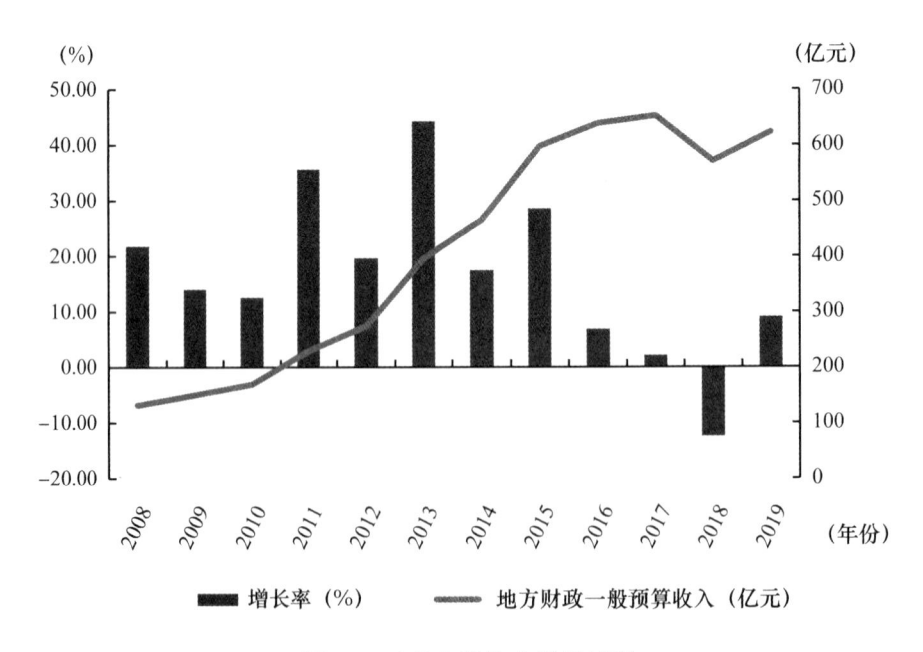

图24 云南非税收入增长情况

资料来源：国家统计局、财政部网站。

云南非税收入仍然保持了高速增长,增长率分别为17.49%和28.57%,对冲税收收入下降的作用非常明显。直到减税降费政策实施后,云南非税收入也进入了低增长阶段,直到2019年才有所反弹。

(三) 云南非税收入与相邻省、直辖市比较

云南与相邻省、直辖市四川、贵州、广西、重庆的财政收入情况和非税收入既有相似的情况,也有自身的特殊性,下面我们通过对比分析来看云南非税收入的特点。

如图25所示,云南一般预算收入增长率的变动趋势与四川、贵州、广西和重庆基本相似,增长率与广西和四川更为接近,低于重庆和贵州,但是云南、四川和广西的增长率变动相对稳定,而重庆和贵州增长率波动的区间较大。

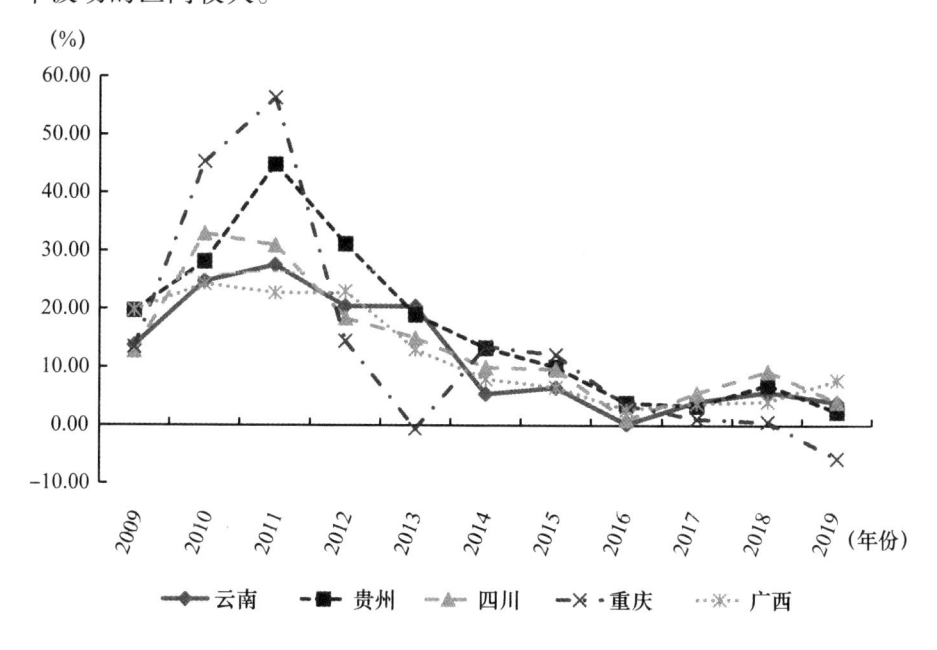

图25 云南一般预算收入增长率与相邻省份比较

资料来源:国家统计局、财政部网站。

如图 26 所示，云南税收收入增长率的变动趋势也与四川、贵州、广西和重庆基本相似，但增长率相对于相邻省份偏低，特别是 2009 年到 2016 年期间，大多数年份都低于相邻省份，2017 年后处于中上水平，说明云南税收收入增长与相邻省、直辖市相比略微偏弱。

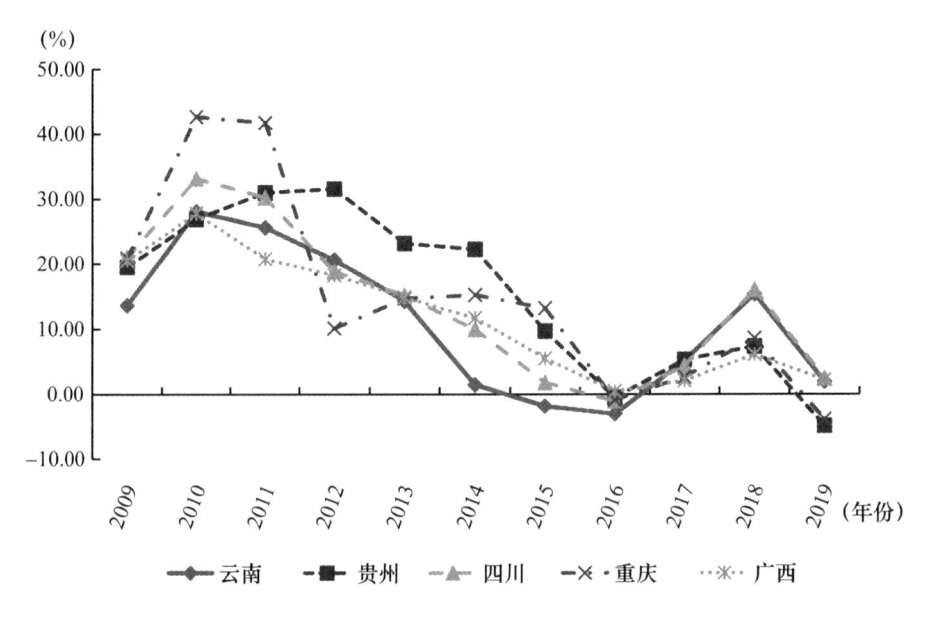

图 26　云南税收收入增长率与相邻省份比较

资料来源：国家统计局、财政部网站。

如图 27 所示，云南省政府非税收入增长与相邻省、直辖市相比变化趋势存在阶段性的差异。2009 年到 2012 年期间，云南与四川、广西的非税收入增长速度接近，都维持在较高的水平，同期重庆和贵州的非税收入出现相当大幅度的增长，2011 年重庆和贵州的非税收入增长一度达到 80% 的增长率。2012 年到 2016 年期间，四川、贵州、广西和重庆非税收入都出现了大幅下降再增长的趋势，但云南非税收入增长率维持了较快的增长。2016 年以后云南与相邻省份的非税收入增长趋势趋于一致。2016 年之前云南与相邻省份非税收入增长的差异和房地产开发周期有关，土地出让收入的变动极大地影响了非税收入的变动。

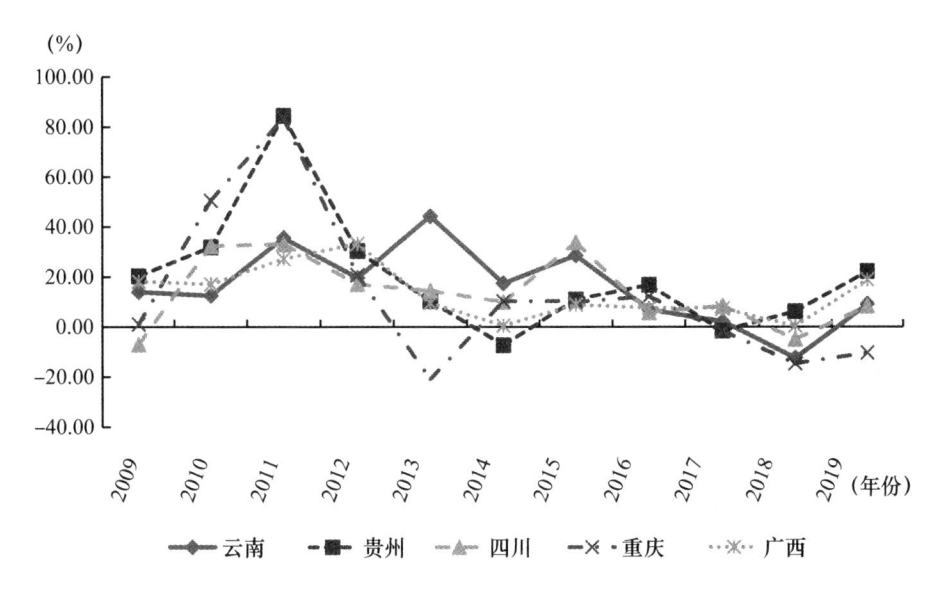

图27 云南非税收入增长率与相邻省份比较

资料来源：国家统计局、财政部网站。

如图28所示，云南专项收入的变动趋势与相邻省、直辖市基本相似，但以2014年为分界线，2014年之前云南专项收入增长率仅弱于重庆，超过贵州、四川和广西。而2014年之后，云南专项收入增长率明显低于相邻省份。总体来看，云南专项收入与相邻省份相比偏弱。

如图29所示，云南行政事业性收费收入的变动与相邻省、直辖市的差别不大，变化趋势基本相同，增长率在2016年之前与相邻省、直辖市相比略偏高，2016年以后随着减税降费政策的实施，与相邻省、直辖市共同进入了低速增长阶段。

如图30所示，云南罚没收入与相邻省、直辖市的变化相同，增长率没有明显的变化规律，起伏较大，这是由罚没收入的特点决定的。罚没收入是非税收入中稳定性较差的部分，其产生与否受到特定行为是否产生决定。

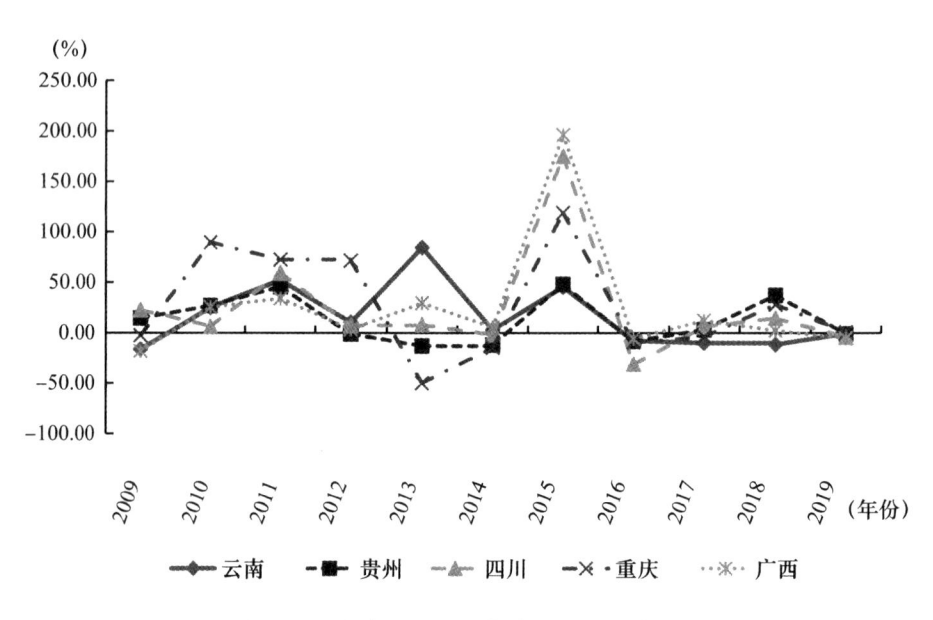

图28 云南专项收入增长率与相邻省份比较

资料来源：国家统计局、财政部网站。

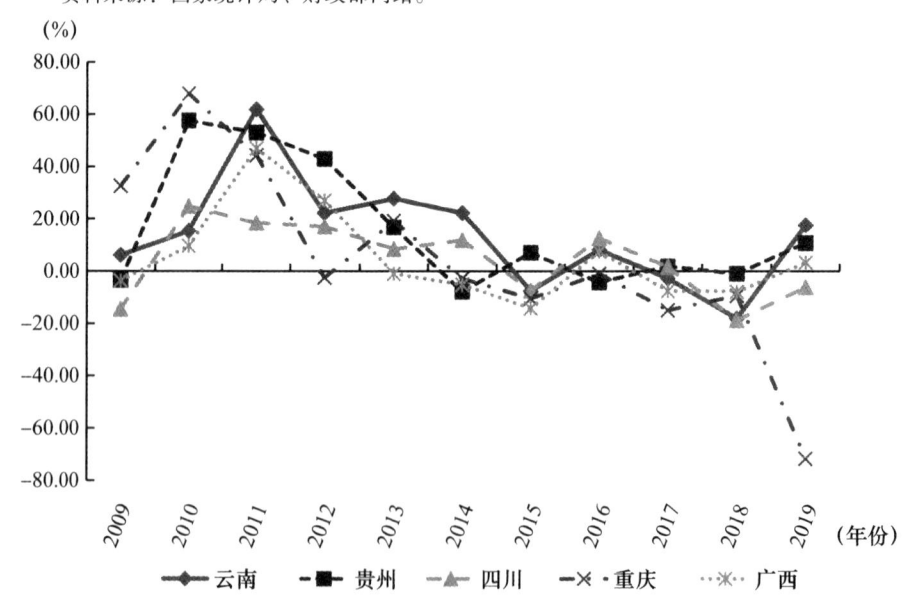

图29 云南行政事业性收费收入与相邻省份比较

资料来源：国家统计局、财政部网站。

政府非税收入的占比、结构和影响研究

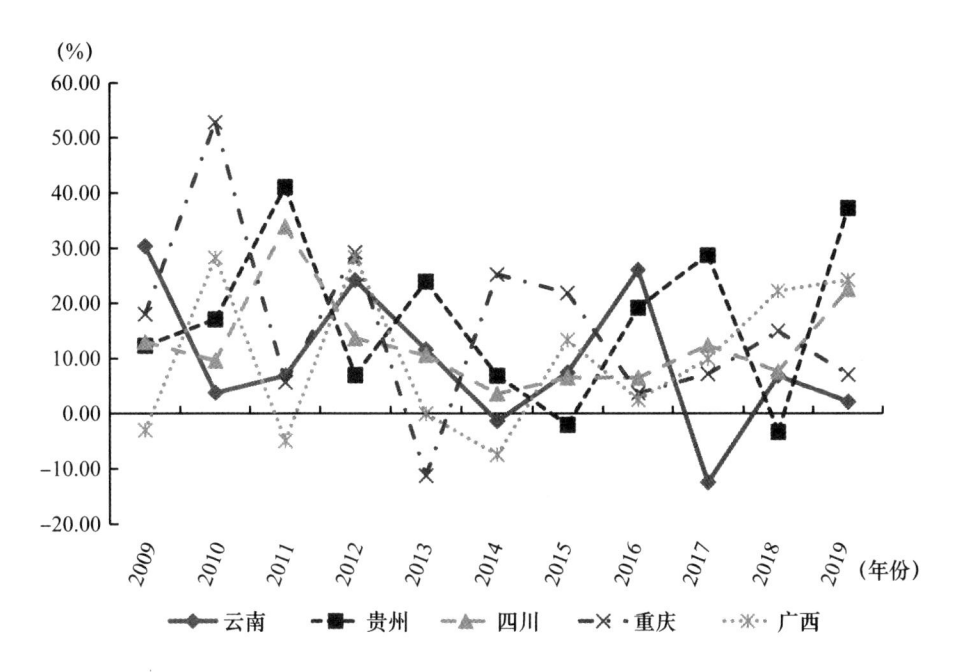

图30 云南罚没收入与相邻省份比较

资料来源：国家统计局、财政部网站。

如图31所示，云南国有资本经营收入增长率与相邻省、直辖市相比处于较高的水平，特别是2017年之前云南国有资本经营收入增长率均高于四川、贵州和广西，仅弱于重庆。然而，2017年云南国有资本经营收入增长率出现了大幅度的下降，一度出现了负增长的情况。

如图32所示，云南与相邻省、直辖市国有资源资产有偿使用收入增长率变动趋势基本相同，云南国有资源资产有偿使用收入在2013年之前增长率明显弱于相邻省份，2013年之后增长率则明显高于其他省份。总体上看，国有资源资产有偿使用收入是云南以及相邻省、直辖市增长最快的部分。

如图33所示，云南其他非税收入增长率在2012年之前与相邻省、直辖市相比处于较低的水平，而2012年到2015年期间增长很快，明显高于相邻省、直辖市，2015年以后，云南其他非税收入的增长率与其他相邻省、直辖市的变动基本趋于一致。

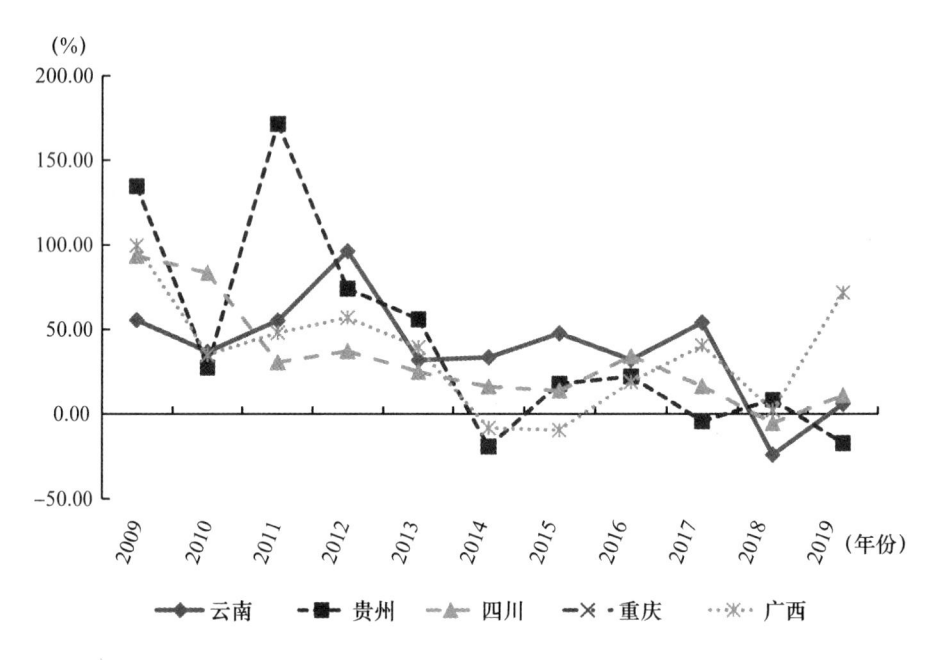

图31 云南国有资本经营收入与相邻省份比较

资料来源：国家统计局、财政部网站。

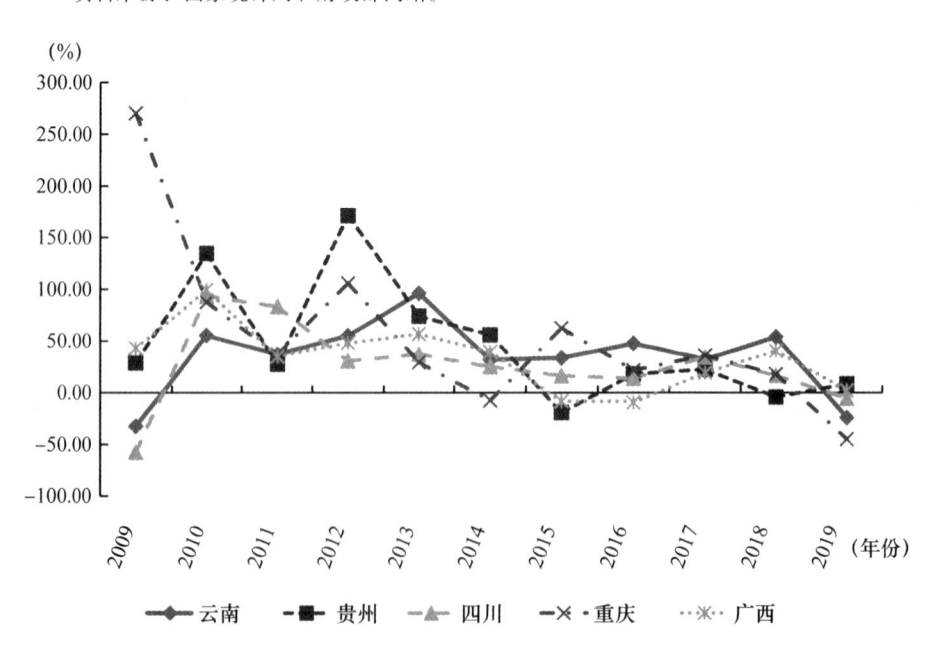

图32 云南国有资源资产有偿使用收入与相邻省份比较

资料来源：国家统计局、财政部网站。

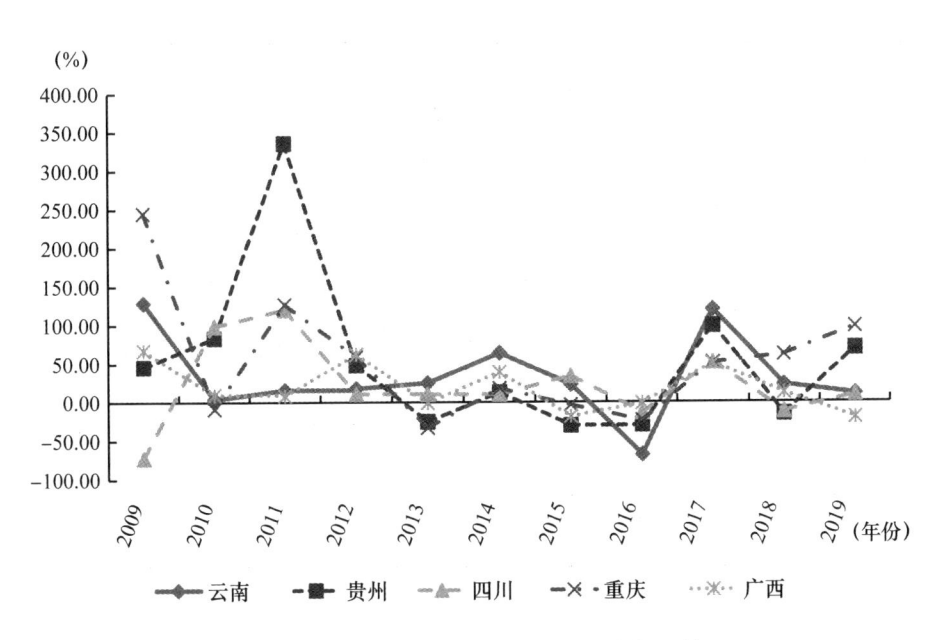

图33 云南其他非税收入与相邻省份比较

资料来源：国家统计局、财政部网站。

如表14所示，与相邻省、直辖市相比，云南非税收入占一般公共预算收入的比重并不算高，从2008年到2013年占比均是最低的，说明此时云南一般公共预算收入对非税收入的依赖并不算大。从2014年以后开始上升，2015年到2017年期间高于所有的相邻省、直辖市，这段时期也是全国和各省市税收收入增长明显减速的时期，说明云南在此期间比较依赖非税收入来对冲税收收入增长减速的缺口。2018年和2019年以后云南非税收入占比与相邻省、直辖市相比相差不大。

表14　　　　云南非税收入占比与相邻省、直辖市比较　　　（单位:%）

年份	云南	贵州	四川	重庆	广西
2008	21.44	25.02	29.72	37.62	33.16
2009	21.50	25.16	24.51	33.51	32.74

续表

年份	云南	贵州	四川	重庆	广西
2010	19.40	25.89	24.40	34.72	30.85
2011	20.63	32.98	24.81	40.80	31.96
2012	20.49	32.78	24.54	43.05	34.61
2013	24.55	30.40	24.45	34.29	33.54
2014	27.37	24.88	24.46	33.31	31.23
2015	33.05	25.10	29.86	32.67	31.91
2016	35.25	28.24	31.27	35.44	33.42
2017	34.58	26.90	32.08	34.45	34.51
2018	28.64	26.69	27.90	29.24	33.27
2019	30.04	31.88	29.04	27.81	36.71

资料来源：国家统计局、财政部网站。

总体来看，云南与相邻省、直辖市均属西部地区，非税收入占一般公共预算收入的比重均在30%左右，明显高于全国平均的17%，说明西部地区整体上对非税收入的依赖更大，云南并没有特别高，与相邻省、直辖市的情况差不多。从变化趋势来看，云南与相邻省、直辖市各项非税收入增长率的差别主要出现在2018年之前，随着非税收入管理和征收项目的日益规范，云南与相邻省份的非税收入变化渐渐趋同。

七 非税收入对经济增长的影响分析

政府非税收入对经济增长的影响比较复杂，非税收入在实质上是政府参与资源分配与再分配的一种管理调控手段。非税收入的大小直接决定了政府对于经济的干预程度，同时影响着微观负担的高低，这都将对区域经济增长产生一定的影响。这些影响都源于非税收入的基本特征。

本部分首先总结非税收入的基本特征,然后分析非税收入对经济增长的正面效应和负面效应,为更好地管理非税收入,促进非税收入与经济增长的良性互动提供参考。

(一) 非税收入的基本特征

政府非税收入的特点主要包括有偿性、专用性、界定性、非普遍性和波动性五个方面。

1. 有偿性

有偿性指非税收入的支付者便是受益者,有着直接的对应关系。非税收入征收遵循的一个理论是"行政特别支出补偿理论"。经济中提出的产品和服务除了公共物品和私人物品外,还有一大类是"准公共物品",如教育、医疗、公用电话、公路和灌溉等,一般具有消费上的"效益外溢性",若完全由政府以税收方式免费提供则会导致过度消费,造成消费拥挤,降低分配效率;反之,若完全由市场提供,又会造成商品供给量低于效率水平,导致社会福利损失,因此由政府以收费方式提供,虽然需承担一定排他成本(如设立收费站、围墙等),但可有效限制消费者,避免拥挤状态和拥挤成本,从而促使这类物品的分配效率和社会福利实现最大化。

在行政收费实践中,准公共物品分配效率最大化理论的适用范围是:(1)容易引起资源昂贵和稀缺的服务,如公共交通运输、公共娱乐设施、邮电和灌溉等;(2)易产生拥挤的高速公路及其他基础设施;(3)高等教育;(4)特殊医疗服务。这类行政收费也可叫作"准入性收费"或"消除拥挤性收费"。针对准公共物品的行政收费一般是由受益者支付,体现了"谁受益,谁支付"的原则,有利于提高准公共物品的供给,这就是受益者负担理论。

这一类型的非税收入有如下两大特征:(1)存在于行政主体向特别相对人提供"私人产品"的领域。私人产品不会产生消费上的"效益外溢",属于纯个别消费。(2)与行政主体特定的行政职能密切联系,但收费本身并不是该行政职能的主要内容,它是"附带性"的,换言之,它依附于一个主行政行为而存在。如许可证费、注册登记证费,行政机关的主行政行为分别是行政许可行为和注册登记行为,收费并不是该行政行为的必要内容,其存在理由仅是遵循"谁受益,谁负担"理论,避免"免费相送"产生的显失公平后果。

2. 专用性

专用性指非税收入与其用途和来源有着直接的关系。这主要是由于市场在运作的过程出现一定的缺陷,从而导致市场经济出现外部性的现象,产生负的外部效应。政府非税收入的专用性主要就是对这种外部效应的一种惩罚性的矫正手段,也就是说,这一部分的非税收入其来源与用途都是用于负的外部效应。

在经济社会,外部效应可分为正的外部效应和负的外部效应两种情况。前者指的是对交易双方之外的第三者所带来的未在价格中得以反映的经济效益,如养蜂者的养蜂场接近他人的苹果园,其养蜂活动便会有益于苹果园的主人。后者指对交易双方之外的第三者所带来的未在价格中得以反映的成本费用,如工业污染对人及其财产所带来的损害。由于外部效应的产权往往难以界定,损益的范围和大小也无法确定,因此受"外部效应"影响者不可能因获益而向生产"正外部效应"者付钱,也不可能因受害而向生产"负外部效应"者索赔,这样,生产"正外部效应"者必然会尽可能少地从事这类活动,而生产"负外部效应"者势必过度地从事这类活动,使"负外部效应"进一步加剧,而由此产生的治理成本都要由社会来承担,造成明显的分配不公平和社会福利的损失。

因此,在"外部效应"领域,市场机制失去调节作用,而政府就必须担当起矫正负外部效应的责任。政府用于矫正外部效应的措施一般有两类:即矫正负外部效应的税收和收费与矫正正外部效应的财政补贴。由于负外部效应带来的社会成本难以估算，因此应根据消除或减轻负外部效应所需的治理成本来确定税率或收费的标准，实现"谁污染、谁治理"的公平分配效益。

在治理负外部效应的效果上，收费显然优于税收。这类收费具有某种"惩戒性"，能使生产者自觉减少"负外部效应"的产出，并按社会治理"负外部效应"的所需成本来核定收费标准，可以有效地修正社会成本与微观成本的差距，使生产者负担真实的活动成本。"负外部效应"矫正理论适用于以下收费领域：对外部环境造成不可完全避免的污染的生产者和消费者的正当活动。主要有排污费、事故处理费、特许行业管理费（如烟酒市场管理费）、土地闲置费等。这类行政收费可叫作"修正性收费"。

3. 界定性

这类行政收费的理论基础是国有资源产权界定理论。公共资源，如土地、草原、矿藏、河流、能源、生物、电磁波谱等资源，为社会公有，在我国，它们归国家所有（部分归集体所有），国家须进行合理配置，交由相关社会主体占有、使用和经营。国有资源的使用产权如果不加以确定，社会主体就会对国有资源进行掠夺性破坏，任何人都会从"共有的池子"里滥捕鱼类，在"共有的森林"中滥伐树木。而界定产权的最好方式就是建立资源有偿使用制度，即收费制度，因为一则可以使国有资源产权规范清晰，使产权主体能自觉合理地使用资源，避免资源的浪费，二则可以使国家在保护和再生国有资源方面的投资得到充足的经费保障。

这类行政收费的适用范围是：国家所有的并经行政程序进行合理配置以便实现最大使用效益的公共资源（主要为自然资源）的使用。主要有：国有土地使用权出让费、水资源费、森林植被恢复费、林业保护建设费、陆生野生动物资源保护管理费，等等。这类收费可叫作"界定性收费"。

4. 非普遍性

非普遍性主要是就非税收入征收的范围和对象而言的，其征收的范围和对象都是有限的或者说是特定的，不存在普遍性。

5. 波动性

由于非税收入主要是针对特定的行为而收取的费用，其特定行为的产生与否以及产生的多少都会对非税收入产生一定的波动。

（二）非税收入对经济增长的正面影响

首先，非税收入与经济增长的关系是双向的。一方面，经济增长对于政府非税收入具有决定作用。这主要是指政府的非税收入的来源是经济增长所带来的国内生产总值的增加。只有在经济不断增长的前提下，政府可供分配的国民收入才会不断增加，从而扩大了政府非税收入的来源。

另一方面，随着经济的增长，社会公共需要的规模也将在一定程度上增长，从而政府所要管理的社会事务将不断增加，从而收费项目也将随之扩大，这必然导致政府非税收入的增加。下面我们先来分析非税收入对经济增长的正面影响，主要包括三个方面。

1. 政府非税收入增加了政府收入，加大了政府对基础设施的投入

根据经济增长的相关理论，经济的快速增长与良好的基础设施建设是不相分离的。而一个地区良好的基础设施建设必然需要政府进行大量的资金投入，只有在充足的资金保障前提下，良好的基础设施建设才有望建立。但是，我国所处的特殊的发展时期，决定了我国仅依靠税收收入难以很好地满足基础设施建设的必然需求。政府非税收入的存在，作为政府收入的一大重要组成部分，是政府财力的重要补充。它在一定程度上弥补了政府财政预算不足的现状，为良好的基础设施的建立和完善提供了大量的资金支持。

2. 政府非税收入弥补了市场运行中的不足，使市场能够更好地

发展

政府的非税收入具有专用性的特征,其中一部分收入是通过对市场运行过程中所出现的负外部效应而采取的一种惩罚性的矫正手段。对于市场运行过程中所产生的这种负的外部效应单纯地依靠市场的力量是难以良好处理的,从而需要政府进行调控,如:排污费、高速公路费、罚没收入,等等。这些费用的收取在一定程度上矫正了市场运行过程中所产生的负外部行为,促进了市场更好地运转,从而为经济的增长创造了良好的市场环境。

3. 政府非税收入在一定程度上推进了我国财政制度改革

一个地区的经济发展除了与基础设施、生产要素、市场环境等方面有着密切联系之外,该地区的制度因素也对其产生不可忽视的影响。随着我国市场经济体制的不断建立和完善,必然要求实施与其相配套的财政制度。在我国的财政改革的过程中,不可避免地涉及政府间利益的分配和调整,这在一定程度上加大了财政制度改革的推进难度。而政府非税收入的存在,使得政府筹资渠道得到扩展,这在一定程度上缓解了来自政府间利益在再分配间的阻力,进而推进了与市场经济体制相适应的财政制度的改革,促进了我国经济的进一步发展。

(三) 非税收入对经济增长的负面影响

政府的非税收入在一定程度上扰乱了国家的财政秩序,造成国家宏观经济的不稳定。同时由于政府的非税收入不纳入预算管理,致使大量的资金脱离预算管理,同时制度外收入的大量存在,导致我国税收的负担率不高,但国民经济总体负担率却较重的局面,这都在一定程度上不利于经济发展,对经济的政策产生负面效应。

1. 在一定程度上限制了资源的流动,不利于资源的优化配置

根据经济增长理论,生产要素的拥有者所掌握信息的完整程度,直接决定和影响着生产要素的有效流动。而非税收入负担作为影响生产要

素流动的重要信息，由于非税收入自身的隐蔽性、灵活性及不规范性，其信息不易被生产要素的拥有者所掌握，从而对于生产要素的流动不能做出准确的判断和比较。这必然会在一定程度上阻碍生产要素自由流动机制的运行，不利于资源优化配置效率的提升。

2. 冲击了税收收入的主体地位，不利于政府调控的进行

随着社会经济的不断发展，政府所承担的责任越来越大，同时其所需要的财政资金也在一定程度上不断增加。在这种情况下，政府往往通过非税收入来平衡收支，从而使得非税收入在政府资金收入中的比例越来越大。由国际发展经验可知，非税收入在政府收入中一直都作为税收的一大补充，其在政府收入中所占的比重一般低于 20%。但是就我国的政府非税收入而言，其已成为我国政府收入的主要组成部分。这在一定程度上冲击了政府税收收入的主体地位，不利于我国社会经济的长期有效发展。

3. 不利于市场在资源配置中决定作用的发挥，抑制了市场的健康发展

政府非税收入的增加在一定程度上表明市场中企业和相关个人负担的加重，这在一定程度上不利于市场经济的健康运行，抑制了市场经济发展的活力。同时，个别政府为了实现短期内经济快速增长的目的，往往在忽视市场发展规律的情况下，将政府资金投向某些产业，以期望起到快速拉动当地经济增长的目的。但是在实际的操作过程中，由于忽视了市场在资源配置中的决定性作用，不断出现过度投资及重复建设的现象，最终导致产能过剩的结果，不利于当地经济的长期协调发展。

（四）非税收入占比和结构对经济的影响

首先，针对非税收入占比对经济的影响没有统一确定的标准，但其占比是否合理可以根据一些标准来判定，一般来说，国际上认为非税收入占一国财政收入的比重不应超过 20%，毕竟非税收入对各类经济主

体来说是一个经济负担，过高的非税收入必然会增加市场主体的成本，从而降低市场经济的活力。按照这一标准，当前我国的非税收入占一般预算比例为17%，没有超过20%，是在合理范围内，并且随着减税降费，非税收入征管的规范化，我国非税收入的占比出现了下降的趋势，应该说对经济的影响总体上是正面的。

其次，非税收入的占比是否合理也要考虑到国家和地区经济的基本情况，有几个因素影响较大：一是产业结构因素，一个地区的工业化程度越高，工业规模越大，则税收占比越高，非税收入占比越低，如果一个地区的工业发展薄弱，经济依赖第三产业和房地产开发，则非税收入的占比就会越高，因此，很大程度上非税收入的占比体现了地区产业结构。二是所有制结构的影响，在我国非税收入中国有资产经营收入主要来源于国有企业的利润上缴，因此，如果地区民营经济不发达，国有经济占比高，则非税收入也可能越高。三是地区的国土资源，国土资源有偿使用费是非税收入的重要组成部分，因此对于资源大省，非税收入占比就会超过一些资源贫乏的省份。

从结构上来看，专项收入是根据特定需要由国务院批准或者经国务院授权由财政部批准，设置、征集和纳入预算管理、有专门用途的收入，包括排污费收入、水资源费收入、教育费附加收入、矿产资源补偿费等收入。专项收入对经济社会发展的影响是正面的，并且其在非税收入中的占比比较稳定，大多数项目对应着经济社会发展所必需的投入，对解决准公共品的市场失灵问题有积极作用。

罚没收入是对违章、违规行为实施的一种经济处罚，罚没收入比税收具有更明显的强制性和无偿性，是财政收入的一种特殊形式，与税收相比，罚没收入缺乏固定性，具有定向性、一次性的特征，对取得财政收入缺乏稳定可靠的保证。因此罚没收入的规模并不重要，不能作为非税收入的主要来源，罚没收入对经济社会发展的作用在于纠偏、规范市场行为，设置得当对经济社会发展有正面作用，设置不当则会起到反作用。

行政事业性收费包括行政管理类收费、资源补偿类收费、鉴定类收费、考试类收费、培训类收费、其他类收费等六类。行政管理类收费即是对行政管理成本的必要补偿，也提高了相关主体的成本，因此这类费用应合理化收取，过高会对经济产生负面影响。鉴定类收费、考试类收费、培训类收费、其他类收费因为收取对象也是受益者，合理收取对经济社会的影响是正面的，费用过高则容易产生负面影响。资源补偿类收费因资源占用而产生，具有提高资源有效利用，避免无偿占用的作用，总体上的影响是正面的。

国有资源资产有偿使用收入包括国有自然资源有偿使用收入、社会公共资源有偿使用收入和行政事业单位国有资产有偿使用收入。国有资源资产是国民经济与社会发展的物质基础，国有资源资产有偿使用收入是政府财政收入的重要组成部分。实行国有资源资产有偿使用，推行"使用者付费"制度，是市场经济国家的通行做法。近年来，随着经济和社会的快速发展，各地适应国有资源资产使用制度改革和政府非税收入管理工作的需要，积极探索国有资源资产开发、管理、使用的有效形式，不断加强和规范国有资源资产有偿使用收入管理，取得了初步成效。

但由于国有资源资产的范围界定不够明确，对其有偿使用的性质认识不清，加上管理体制不顺、管理制度不健全、征管措施不力，致使国有资源资产有偿使用的范围还比较小，市场化配置率还比较低，国有资源资产的浪费现象在一些领域还比较严重，有偿使用收入流失隐患较多，收入部门化、福利化的现象在一些地方还比较突出。

八 政策与建议

（一）推动非税收入的良性增长

长期以来，我国非税收入的70%左右来源于行政事业性收费、政府性基金和罚没收入。随着法治政府的建立和依法行政的推进，加之管理政策调整和优化经济环境的现实因素，政府作为公共权力拥有者，管理费收入只能维持微增长甚至负增长，而作为使用者付费的使用费收入，应遵循市场定价机制合理控制规模。应按照"有序、有偿、公开"的原则，构建各种资源要素公共交易平台，优化资源配置，坚持有序开发、有偿利用，大胆引入市场竞争机制，采取招标、拍卖、挂牌等方式，实现非税收入的持续良性增长。

（二）优化政府非税收入的结构

非税收入项目繁多、标准繁杂，因此需要不断优化政府的非税收入结构。对不体现政府职能的行政事业性收费，如各种检验、检测、评估收费，可转为由市场运作的经营性收费；对政府部门履行管理职能而向管理对象征收的行政管理费、证照工本费等应予以取消；对体现政府职责和政府行为的必不可少的收费，如政府提供的准公共产品和公共服务收费、公共产权收益，则予以保留。我国公共产权的主体地位仍然保持，公共资源的国有属性没有发生任何改变，在优化非税收入结构的同时，仍应保持公共产权收入作为政府非税收入的主要来源。

（三）推进政府非税收入规范化管理

要突破非税收入管理体制机制性障碍，深入推进非税收入规范管理。现行非税收入征收主体多元、分散，诱发非税收入部门化，造成政府财权分割、财力分散。非税收入的"三个还权"本质（所有权属国家、调控权属政府、管理权属财政），必然要求彻底改变非税收入征收主体分散的征管模式，构建单一的征收主体。应比照税务机构，组建专门的非税收入管理机构，赋予非税收入管理机构单一的法定征收主体资格，享有征收管理权和行政执法权。应按照有利征收、方便缴款的原则，建立以直接征收为主、委托征收为辅的新型征收方式。对行政许可、行政审批涉及的项目,一律依托政务服务中心平台,实行法定征收主体直接征收;对财产性收入、罚没收入、受众集中的使用费收入,一律由法定征收主体采取设立征收大厅或组织专业征管队伍进行直接征收;对小额、零星、分散的非税收入,可采取委托征收的方式,分别委托相关单位或税务机关进行代征或现场收取。

(四) 推进政府财税体制改革

财税改革的目标不仅是为了让我国经济稳定,更需要保障社会的稳定,应当将经济与社会共同发展作为财税改革的最终目标,细化财税体制,联合其他社会集体的力量,共同推动财税改革。当前,我国正处于社会公共福利水平提升的重要阶段,相较于发达国家,我国的人均财政税收明显不足,因此保证财政收入的正常增长仍然是开展结构性减税降费的基本前提。此外,长远来看,要建立与中央以及地方政府财政匹配的财政体系。我国财税改革中面临的一个重要问题就是中央与地方政府财力与事权出入较大,较多的行政层级导致很难实现对财税管理中责任的有效划分,因此应简化传统的五级分税制,切实调整匹配中央与地方政府的事权及财力。

Abstract: Government non-tax revenue is an important part of China's government revenue. The development of China's government non-tax revenue has the characteristics of continuous high-speed growth throughout the year, the proportion of government revenue rising year by year, large fluctuations and high local dependence on non-tax revenue. In recent years, China's government non-tax revenue has mainly been affected by the adjustment of revenue items, the reform of business tax and the tax reduction and fee reduction policies, and its proportion in the general government budget revenue has declined, which has increased the pressure on local fiscal revenue and expenditure. As a province where government non-tax revenue accounts for a relatively high proportion of general budget revenue, Yunnan has been under increasing pressure on fiscal revenues and expenditures. Yunnan should standardize and optimize the collection and management of non-tax revenue from six aspects: optimizing the structure of fiscal revenue, standardizing the scope of non-tax collection, rationalizing collection standards, updating collection concepts, innovating management methods, and improving the supervision system. Yunnan should promote the benign growth of non-tax revenue, stabilize the structure of financial resources, better play the role of government non-tax revenue regulation and correction of market failures, and provide financial resources for the economic and social development of the province.

Key Words: Government Non-tax Revenue; Structure; Influencing Factors

昆明市停车泊位激励性规制研究

郭亚男　谭星怡　刘慧玲
兰黎娜　高成良　石　斌[*]

摘要： 虽然政府非税收入管理饱受诟病，但其作为财政收入的重要组成部分，在增强地方政府财力、支持民生建设等公共事业发展和公共财政体系建设上都发挥了重要作用。目前，中央与上级管控、看守为核心的规制理念与地方政府对非税收入治理的客观需求相悖。对非税收入管理既需要合理地规制也亟须适当地激励。本篇从激励性规制角度出发，在对激励性规制理论的历史发展、主要方式以及应用描述的基础上，探讨政府非税收入管理激励与规制相容的可行性和必要性。激励与规制相容既适用于中央对地方政府非税收入管理也适用于地方政府对非税收入具体项目的管理。通过分析激励性规制理论的优缺点，结合路内停车收费的特点，分析路内停车收费进行激励性规制的意义和必要性。同时，通过典型案例的分析与借鉴，对昆明路内停车收费的现状、存在问题及原因进行分析，并提出昆明市路内停车收费激励与规制相容的相关建议和措施。

关键词： 激励性规制　政府非税收入管理　路内停车

---

[*] 作者简介：郭亚男，云南大学经济学院硕士研究生；谭星怡，云南大学经济学院硕士研究生；刘慧玲，云南大学经济学院硕士研究生；兰黎娜，云南大学经济学院硕士研究生；高成良，云南大学经济学院硕士研究生；石斌，云南大学经济学院硕士研究生。

一 引言

（一）研究背景

过去十年来，我国经济经历了从飞速发展到平稳增长的阶段，为了调动各级地方政府的积极性，中央政府近年来逐渐对地方政府放权让利，特别是2011年以来国家出台多项措施简政放权、清费减负，但地方同中央争夺财权和财力的博弈从未停止。近年来，因实体经济的下行压力，导致政府收入减缓，为缓解压力，部分地方政府加大了对非税收入的征收，非税收入成为地方政府调节收入的"蓄水池"，增幅明显，占比不断提高。国家统计局资料显示，2017年全国地方非税收入达22796.69亿元，占一般公共预算收入的24.9%。就云南省而言，2017年云南省非税收入达652.32亿元，较上年增长2.1%，占一般公共预算收入的34.6%，远高于全国一般水平。一直以来，非税收入作为财政收入的重要组成部分，是国民收入分配和再分配的一个重要方式，尤其对地方政府来说，是满足其经济发展、基础建设、社会保障的重要手段。由此可见，地方政府为缓解财政收支矛盾而日渐倚重非税收入，随之而来的一个问题就是，面对规模日益增长的政府非税收入，其管理问题显得尤为重要。目前，上级政府对政府非税收入的管理以"堵"为主，不断完善相关法律法规对政府非税收入的管理进行规范，这体现了我国治理的法治化以及政府治理能力的提升。但是，政府非税收入的管理不仅仅是完善法律法规就可以解决的，目前中央与上级管控、看守为核心的规制理念与地方政府对非税收入治理的客观需求相悖。对非税收入管理既需要合理地规制也亟须适当地激励，这是对我国中央政府与地方政府财权事权分配格局的主动适应。

路内停车泊位收费是非税收入的重要组成部分，它的设置在缓解"停车难"的同时，也可为政府提供停车费收入补充地方财政。但是，这一举措在日常实行过程中却带来了诸多问题，也引起了市民的诸多不满。以昆明市为例，停车收费服务质量不高、乱收费、乱划停车位收费、违章停车、交通拥堵等现象层出不穷，导致民众使用市政道路路内停车位的体验差，私下议价、无证收费、随意掐表的问题也时有发生。因此，加强对停车收费企业的整顿管理格外重要。本篇运用激励性规制理论，对停车泊位收费的管理展开研究。通过激励性规制手段，解决停车收费企业效率低下、服务质量差、收费混乱、收费上缴拖沓等问题，解决停车位供需矛盾，为停车泊位管理将起到积极的促进作用。

（二）研究意义

首先，对规范地方政府非税收入管理具有理论意义。政府非税收入是地方财政收入的重要组成部分，其在补充地方财政收入，改善民生等政府公共服务建设上都发挥着重要作用。现行的非税收入管理注重的是上级对下级政府非税收入的管控和监管，是整顿下级非税收入的控制权，加强上级、中央对非税收入的控制权。这样的规制理念，会对地方政府征管积极性产生影响。本篇认为对于非税收入管理而言应在规制整顿的基础上，通过明确、有力的激励机制构建地方政府公共事务治理的财力保障。这无论是中央对地方非税收入管理，抑或是地方对具体非税收入的运营都具有重要的理论意义。

其次，对更好地履行地方政府非税征管职能具有现实意义。停车泊位的管理一直由政府部门进行规划、交通部门统一运营管理，存在缴费比例低、收费混乱等问题。本篇将激励性规制理论应用到停车泊位收费管理中，借鉴国内外停车收费管理的成功经验，创新非税收入管理的模式，对停车泊位收费管理具有一定的实践指导意义。

（三）研究思路

本篇在对现有文献研读的基础上，首先对激励性规制理论的含义及应用进行深入的分析，了解激励性规制理论的主要内容及其核心理论；接着分析激励性规制理论应用于政府非税收入管理的重要性；紧接着以停车泊位收费为例，对停车泊位收费管理融入激励性规制的必要性、管理要素、规制目标等进行详尽的分析；最后通过对国内外停车泊位激励性规制的经典案例进行分析，结合昆明市停车泊位收费管理存在的问题，为昆明市停车泊位收费如何融入激励性规制理念提出政策与建议。

(四) 文献综述

1. 有关政府非税收入管理的研究

政府非税收入及其管理在学术界一直饱受诟病。就政府非税收入本身而言，一是范围过宽，政府自主裁量权较大，容易导致违法收费，滋生腐败，很多政府部门通过非法自我赋权而形成了非税收入；[①] 二是体量过大，使得"费挤税"现象普遍，预算外挤预算内，侵蚀税基，严重影响了税收收入在财政收入体系中的主导地位，导致财政收入结构失衡，分散了国家财力，削弱国家宏观调控能力；[②] 三是增幅过快，非税收入年均增长率快于同时期的税收收入和国内生产总值的增长速度，这加重了企业负担，抑制了社会消费，对中小企业和创业者十分不利。而对非税收入管理而言，学者们则认为目前存在的主要问题有：一是非税收入法治建设薄弱，效力不高，立法层次低，法律法规不健全使非税收入征管和使用随意性较大；[③] 二是非税收入缺乏有效监督，其监督管

[①] 王晓晨、奉公：《我国政府非税收入的规范化管理研究》，《经济社会体制比较》2018年第4期。

[②] 贾康、刘军民：《非税收入规范化管理研究》，《税收研究》2005年第4期。

[③] 聂少林：《地方政府非税收入现状、问题及管理创新》，《社会科学辑刊》2011年第1期；季家友、吴金友：《财税体制改革背景下我国非税收入收缴管理改革研究》，《西南金融》2014年第11期；潘明星、匡萍：《创新政府非税收入管理方式的思考》，《公共经济》2005年第2期；鲁轶、何睎：《非税收入规范化管理研究》，《财政研究》2008年第8期。

理制度难以摆脱政府内部监督为主的思路,缺乏公众、社会及新闻媒体监督机制;① 三是征收过程不完善,票据种类繁杂,核销方式落后,多头分散管理,导致效率低下,管理混乱。② 以湖南省非税局局长易继元为代表的实践部门则认为通过规范管理,政府非税收入在推进公共财政体系建设乃至经济社会事业发展方面发挥了重要作用。特别是经济增速放缓的几年,在政策性减收因素较多的情况下非税收入仍然实现了平稳增长,在金融危机严重影响下非税收入增长快于税收收入增长,在财政收支矛盾较为突出的情况下非税收入已成为增强政府调控能力的重要财力,在弥补各执收单位经费不足的同时,还推进了一大批涉及民生的重大项目建设,有效缓解了财政收支矛盾。

　　非税收入和税收都是财政收入的重要组成部分,两者此消彼长的现象按理来说也属正常,之所以引发矛盾关键点还是非税收入是否对经济增长和社会进步发挥了作用及是否实现了逐渐规范化的管理。事实上,众多学者的实证研究都表明非税收入对促进经济增长、提供公共服务、促进政府职能履行都发挥了积极的作用。③ 非税收入的存在有其必要性,随着经济增长、信息化技术进步,非税收入的范围会随着具有非排他性与非竞争性的公共服务的增加而继续呈现不断扩大的趋势。因而,在非税收入对社会经济增长的积极作用与管理弊端依然存在矛盾的情况下,未来非税收入管理必须树立激励与规制并重的理念。激励与规制(激励性规制)是组织行为学、新公共事务治理理论的主要观点之一。激励不是简单的奖励或放权,而是在尊重特定组织及行为客观规律的基础上,保障并激发其内在活力;规制是在激励的基础上,设置合理、匹配的规制措施,既不违背过失责任、人人可被问责的法治要求,又允许

---

　　① 张丽华、杨树琪、孙辉:《对现行非税收入管理制度建设的评述和思考》,《经济问题探索》2009 年第 1 期。
　　② 郭艳:《政府非税收入管理存在的问题及对策建议》,《科学社会主义》2014 年第 5 期。
　　③ 刘寒波:《公共服务、财政行为与非税收入》,《求索》2014 年第 8 期。

其合理的失误，从而鼓励官员积极进取，实现权责统一。非税收入是政府从事公共事务治理、介入经济增长、社会发展的客观产物，无论是目前还是将来，非税收入对中央、省、市乃至基层政府都具有不可或缺的重要性。因此，通过明确、有效的激励机制构建政府非税收入公共事务治理的财力保障是非税收入管理的关键，是契合非税收入内在机制、顺应非税收入规范治理客观需求的必要之举。

2. 有关激励性规制的相关研究

国外对激励性规制的研究始于Laffont，[1] 他在传统的规制分析理论中引入激励理论，以改善传统规制分析中信息总是对称的这一假设。根据"激励性规制"概念提出者Laffont的定义，激励性规制理论是在信息不对称的"委托—代理"框架下，设计激励方案，引导企业选择规制者所期望的行为，减少逆向选择和道德风险，最终实现社会福利最大化。我国学者在国外研究和我国国情的基础上对我国基础行业的激励性规制做了深入探讨。张昕竹、让·拉丰、安·易斯塔什在对基础行业中的规制和竞争理论做总结的基础上，认为我国正处于需要引入激励性规制的阶段，并且引入竞争和激励性规制是各个国家的改革主题之一。[2] 孙玉升认为，实行激励性规制是改变行政垄断现状的可行途径，并在此基础上构建了铁路行业实行激励性规制改革的基本框架和针对铁路行业的运价激励规制模型。[3] 田赫认为实行激励性规制能够有效解决我国城市公交行业供给不足和竞争不充分的发展现状，同时根据我国城市公交行业的规制主体、目标、方法以及现状提出在定价补贴、监管服务等方面的激励性规制实施方式。[4]

---

[1] Laffont J. J., Tirole J., *A Theory of Incentives in Procurement and Regulation*, MIT Press, 1993.
[2] 张昕竹、让·拉丰、安·易斯塔什：《网络产业规制与竞争理论》，社会科学文献出版社2000年版。
[3] 孙玉升：《中国铁路产业激励性规制改革研究》，硕士学位论文，辽宁大学，2011年。
[4] 田赫：《我国城市公交行业的激励性规制研究》，硕士学位论文，辽宁大学，2013年。

3. 激励性规制应用于非税收入管理的研究

激励性规制的特点在于将激励问题引入规制当中，将规制作为一个最优机制设计问题，分析双方的行为和最优权衡。冯辉在研究地方政府非税收入时，根据外部环境和内部机制，指出应以财权与事责的平衡和匹配为核心，以税权分配、发债权和转移支付等为重点完善地方政府非税收入的激励机制；同时根据主要非税收入的具体内容和特点构建类型化的规制对策。① 胡月将激励性规制应用到公路收费的问题中，在分析收费公路行业引入激励性规制必要性的基础上，提出了价格规制和特许竞标规制在收费公路行业的实施方式。②

二　激励性规制理论及其应用分析

西方激励性规制理论产生于 20 世纪 70 年代末 80 年代初。日本著名经济学家认为，激励性规制就是在保持原有的规制结构的条件下，激励被规制企业提高内部效率，也就是给予受规制企业以竞争压力和提高生产或经营效率的正面诱因，让其利用信息优势和利润最大化动机，主动提高内部效率和脚底成本，并获得由此带来的利润增额。③

（一）激励性规制理论的由来与发展

激励性规制理论是在传统规制理论的基础上发展起来的。首先，传统规制经济学以完全信息和信息对称为基本假设的讨论在现实中受到信

---

① 冯辉：《地方政府非税收入的激励与法律规制——理念重塑与类型化对策》，《广东社会科学》2014 年第 4 期。
② 胡月：《收费公路行业提高经济绩效的激励性规制研究》，硕士学位论文，长安大学，2016 年。
③ 余东华：《激励性规制的理论与实践述评——西方规制经济学的最新进展》，《外国经济与管理》2003 年第 7 期。

息披露不完全的冲击，亟须突破完全信息的限制；其次，微观经济学中信息经济学、博弈论、机制设计理论的发展使得激励性规制理论有了内在发展动力；① 最后，20世纪70年代后期开始的放松规制运动持续到20世纪90年代，规制失灵、技术进步对自然垄断边界的突破等问题及市场与政府关系的重新认识进一步推动了激励性规制理论的出现。由此，适用于被规制对象比规制者拥有更多的信息，被规制对象的目标与社会目标不完全一致，规制者利用精心设计激励性规制激发被规制对象运用自己的信息优势去满足更大范围的社会利益的激励性规制理论应运而生。

激励性规制理论相较于传统的规制理论，突破了信息对称的假设，在信息不对称条件下，将规制问题纳入委托—代理的分析框架，打开规制机构的"黑箱"，将其分为代理人和委托人两个层面，进一步考虑公共利益范式下激励性规制。随着激励性规制理论的扩展与发展，学界对激励性规制理论的研究主要集中在以下五个方面：第一，确定规制环境的信息结构及相关问题；第二，确定规制者与被规制企业的目标；第三，确定规制工具与约束；第四，确定规制者在高效率和低信息租金之间做出权衡；第五，被规制对象、规制机构和被规制企业之间的博弈。

（二）激励性规制理论的主要方式

在现代西方国家实行的激励性规制种类较多，有价格上限规制、特许投标规制、延期偿付率规制、利润分享规制、联合回报率规制、区域间竞争规制以及菜单规制等类别。与政府非税收入管理相结合，主要涉及特许投标规制和区域间竞争规制。

在特许投标规制中，政府将特定企业的垄断性事业特许权（垄断经营权）限定在一定期限内，在特许期结束之后，再通过竞争投标的形

---

① 杜传忠：《激励规制理论研究综述》，《经济学动态》2003年第2期。

式确定特许权归属，以激励特许企业提高效率。但是该制度会存在几个问题，第一，它并不能保证企业有效地竞争；第二，当现有企业在竞争投标中被击败后，如何对它的资产进行转让与评估；第三，在决定授予特定企业特许权后，是否就价格、投资等订立一些特许合同，即对合同履行情况的监督等。因此，特许投标规制并不适用于技术和需求不确定性较大的产业及需求大规模设备投资、设备固定性较高的产业。① 政府非税收入由谁收、由谁管、如何使用的整个过程都涉及特许投标制的本质。

区域间竞争规制是将受规制的全国垄断企业分为几个地区性企业，使特定地区的企业在其他地区企业成就的刺激下，提高自己内部效率的一种规制方法。在政府非税收入征管中，区域性企业其实就代表了各地区的政府，各地区非税收入的征收与管理，必须与各地区社会公共效益最大化相结合，而形成征收效率与非税收入功能上的区域竞争。

建立在激励性规制理论基础上的规制方式要解决信息不对称下的最优激励问题。如何设计出一组既能为被规制对象提供适度激励，又能有利于社会福利最大化的机制，是激励性规制理论要解决的核心问题。根据信息经济学和机制设计理论，激励机制的设计需要考虑两个基本约束，即参与约束与激励相容。前者意味着规制机构所设计的合同必须能够保证被规制企业得到的最低效用不能少于其保留效用或机会收益；后者意味着规制设计者所设计的合同必须能够有效地甄别被规制企业的不同成本类型，隐藏信息无利可图。从社会福利来看，规制者支付信息租金以诱使被规制者说实话可以为社会带来较低的价格并降低配置的低效率。可见，在不完全信息条件下，规制者面临如何在激励强度或效率与信息租金之间进行权衡的问题。只要权衡关系达到一定程度的均衡，激励合同最终所得将是一种帕累托次优状态。这就是在非税收入中，税收

---

① 曹永栋、陆跃祥：《西方激励性规制理论研究综述》，《中国流通经济》2010 年第 24 期。

收取与社会效率的权衡取舍,以期使二者之间的均衡达到地区最优。

现阶段,我国是正处于社会主义市场经济的转型时期,与发达的资本主义市场经济国家相比具有自身的特点。但作为市场经济的普遍意义,在政府对被规制企业的规制中同样会面临委托—代理问题。掌握激励性规制的相关理论与运用一定程度上可解决配置效率和生产效率低下、信息披露不全面等问题,激励集团企业、地方政府等社会群体的经济行为,实现社会最优。

三 激励性规制理论应用于政府非税收入的必要性

(一) 政府非税收入存在的必要性与必然性

财政收入,是政府为履行职能、实施公共政策和提供公共物品与服务需要而筹集的一切资金的总和,包括税收收入和非税收入。公共产品的非竞争性与非排他性以及使用者付费理论确定了非税收入存在的必要性。在市场经济制度的国家,税收在公共财政收入中占主要部分,非税收入起补允性作用,都是国家进行国民收入初次分配与再分配的重要手段。[1]

于我国而言,非税收入在财政收入中的比重已不只是补充意义的作用。如表1所示,2014年至2018年,财政收入和税收收入呈波动下降的趋势,2016年分别降至4.5%与4.3%,而非税收入一直保持较高的增长率,占财政收入的比重也在逐年升高,维持在53%左右。自2012年非税收入实行全口径预算管理以来,非税收入庞大的规模和增长率逐渐浮现在公众面前,引起社会的广泛关注。然而,与社会上一味地强调

---

[1] 贾小雷:《我国非税收入法律规制与国家财权治理的现代化》,《法学论坛》2017年第94期。

"乱收费""费改税""非税挤税""清费立税"的论断而言，在了解近年非税收入为何增长迅速的基础上，更重要的是探究非税收入快速增长是否真的对经济发展产生负面影响，又该如何规范非税收入管理，更好地发挥非税收入拾遗补阙的重要作用。毕竟作为财政收入的重要组成部分，非税收入在未来一段时期内将会继续保持中高速的增长率长期存在。

表1　　　　　　2014—2018年中国财政收入构成简表　　　（单位：亿元，%）

年度			2014年	2015年	2016年	2017年	2018年
财政收入	数量		140350	152217	159552	172567	183352
	增长率		8.60	8.40	4.50	7.40	6.20
税收收入	数量		119158	124892	130354	144360	156401
	增长率		7.80	4.80	4.30	10.70	8.30
非税收入	政府性基金收入	数量	54093	42330	46619	61462	75405
		增长率	3.50	-21.80	11.90	34.80	22.60
	国有资本经营收入	数量		2560	2602	2579	2900
		增长率		27.50	2	-1.20	9.80
	其他非税收入	数量	21192	27325	29198	28207	26951
		增长率	13.50	28.90	5	-6.90	-4.70
	非税收入占财政收入比重		53.64	47.44	49.15	53.46	57.41

资料来源：财政部官网，经课题组整理。

事实上，非税收入快速增长既有经济发展的客观原因，也有制度因素的影响。首先，非税收入快速增长是经济发展的客观表现。就罚没收入而言，罚没收入的增长与我国机动车保有量的增长密切相关。数据显示，2014年我国机动车保有量为2.64亿辆，2018年为3.4亿辆，五年间，汽车保有量增长了8000万辆，机动车保有量的增长无疑是罚没收入增长的重要原因。再如排污费收入，尽管每年单位 GDP 排污量都有所下降，但逐年增加的 GDP 增长量依然导致了排污费的逐年增加。当然，经济的增长往往伴随着科技的进步，随着电子化征收技术的实行，征管机关应收尽收的能力将大幅提升，这也将使得非税收入在未来依然将继续呈现快速的增长态势。其次，国家相关制度因素的完善也导致了非税收入的快速增长。以 2015 年为例，为落实《预算法》中关于政府性基金预算要与一般公共预算衔接的要求，将政府性基金中用于提供基本公共服务以及主要用于人员和机构运转等方面的地方教育费附加、文化事业经费、水利建设基金、残疾人保障金等 11 项基金转列一般公共预算；又如 2017 年，为推进财政资金统筹使用，2017 年 1 月 1 日起将新增建设用地土地有偿使用费、南水北调工程基金、烟草企业上缴专项收入 3 项政府性基金调整转列一般公共预算，这些基金数额庞大，无疑会导致非税收入增长率急速提高。不可否认的是，非税收入规模庞大，相较于税收而言管理较为松散，难免会存在有些部门乱收费的行为。

除此之外，非税收入管理问题本质上是中央与地方、上级与下级"财权与事责"这一结构性问题的反映，与地方政府面临的特定的宏观经济与社会发展的约束高度相关。[1] 分税制改革之后，地方政府承担了各种经济社会事务最直接的责任，面对中央政府的"分税"，为了获得地方发展资金，地方政府不得不转而开发和依赖各类非税收入，以达到财力与事责大致匹配的格局。非税收入作为地方财政收入的重要组成部分，在弥补各单位经费不足的同时，推进了一大批民生工程的建设，在推动地方经济社会事业发展甚至公共财政体系建设方面都发挥了不可忽视的重要作用。

---

[1] 冯辉：《地方政府非税收入的激励与法律规制——理念重塑与类型化对策》，《广东社会科学》2014 年第 4 期。

综上所述，对于非税收入管理而言，建立激励与规制相容的管理理念尤为重要。现行的非税收入管理，注重的是上级对下级政府非税收入的管控和监管，是整顿下级非税收入的控制权，加强上级、中央对非税收入的控制权。这样的规制理念，会对地方政府征管积极性产生影响。而激励与规制相容理念侧重于在规制整顿的基础上，通过明确、有力的激励机制构建地方政府公共事务治理的财力保障。这无论对中央管理地方非税收入，还是对地方运营具体非税收入都具有重要意义。

（二）政府非税收入激励与规制相容的重要性

对中央管理地方政府非税收入征收而言，激励与规制相容是提升政府治理能力的要求。地方政府在面对财权上收、事责下移、中央对地方税权严格控制、转移支付制度绩效不明显、地方政府发债限制等宏观背景下，借助于非税收入可以使财力与事责大致匹配。地方政府对非税收入具有较大控制权，在上级管理相对松散的情况下，确实会导致非税收入管理的乱象，但不可否认的是，地方政府非税收入在发展地方公共事业，特别是基础设施建设、养老、医疗、教育等民生领域发挥了重大的推动作用。因此，对于非税收入管理而言，既需要适当地规制，也亟须适当地激励。只要激励与规制适当、匹配、有效，非税收入的快速增长并不一定是坏事，反而将对缓解地方财政压力，推动地方经济社会事业发展、公共财政体系治理现代化起到巨大作用。

对地方政府管理具体非税收入项目而言，激励与规制相容是实现公共利益最大化与企业经济利润最大化的重要保障。非税收入的本质是维持公共部门供给公共服务或公共产品的一种筹集资金的机制，更好地满足社会公共需要所对应的公共职能才是根本，本身不应具有经营性质。而对于路内停车收费、公共停车场、国有资本经营等非税收入项目而言，处理好企业与政府目标的矛盾是非税收入管理不可避免的重要问题。特许经营的企业相较于政府而言具有信息优势，掌握了更充分的内部信息和外部信息，这会导致道德风险与逆向选择问题。道德风险与逆向选择的存在使得传统的规制手段失灵。而激励性规制不同于传统规制，其本身具有两面性：一是规制、管制；二是激励、引导。通过有效的规制安排，激励性手段可解决特许经营企业的低效率问题以及目标冲突问题，从而自主地投入到降低成本或提供更好的公共服务中去。

四 停车泊位收费管理的激励性规制

伴随着我国城市化和工业化的飞速发展，居民的出行需求和生活水平逐渐提高，越来越多的家庭拥有小汽车，居民的出行方式也日趋机动化，道路通行能力相对道路交通量已显得有些不足。尽管近年来我国的停车设施已有了较快的发展，但与增长迅猛的停车需求相比，还是存在着较大的供应缺口，特别是近年来路内停车的随意性已经严重影响了城市道路交通。

路内停车位是指在城市道路红线范围内设置的停车带，虽然属于城市的静态交通，但也是城市交通的重大难题之一。路内停车因其方便性、车流量周转快、投资少、见效快而在一定程度上缓解了停车难的问题。但是，路内停车也存在许多问题，比如乱停乱放、占道愈演愈烈等，这些问题降低了道路上车辆的行驶速度以及通行能力。于是，我国一部分地方政府开始参照国际上的通行做法，对占道收取一定的费用来补充财政收入。然而，由于在我国大部分市政道路的停车收费中，地方政府和交通管理部门大多行使所有权，而经营权则交给停车收费企业，加之停车收费行业本身具有一定的自然垄断性质，缺乏竞争，收费上缴比例低，收费管理混乱等，导致民众们的停车体验并不好，停车纠纷经常发生。因此，对路内停车收费的管理与规制重要且迫切。

(一) 对停车泊位收费管理进行激励性规制的必要性

1. 停车泊位收费的性质

城市道路属于准公共物品，道路提供的临时停车服务也具有准公共物品的性质，与公建配建的停车设施、住宅配建的停车设施、路外停车设施相比，路内停车的公共物品属性更强一些。路内临时停车一般由政府来提供和定价，具有公共产权。在城市的停车规划中，一般是以配建的停车设施为主，以路外的停车设施为辅，以路内的停车设施为补充，从而满足城市的停车需求。路内停车服务主要具有以下特征。

（1）准公共物品的特征

根据公共物品的非排他性和非竞争性理论，路内临时停车具有非竞争性，也就是说，消费者的边际成本为零，在停车位的容量范围内新增加一名消费者并不会带来经营成本的增加。但是路内临时停车具有排他性，当一个消费者在使用时，另外一个消费者就不能使用，这一点有助于避免"免费搭车"的问题。

（2）垄断性

路内临时停车服务除了其表现出来的自然垄断，即停车资源的独占性以外，由于政府准入的限制，还具有一定的行政垄断特征，因而需要政府的规制。

（3）外部效应

路内临时停车既产生了正外部效应也产生了负外部效应。其中，正外部效应表现为路内临时停车的出现方便了市民的出行，一定程度上解决了停车难问题，而且其规模经济效应也减少了由于私家车太多而导致的拥堵，减少了城市尾气的排放。负外部效应表现为临时停车位占用了一定的道路面积，行人、车辆的通行空间变窄，给行车道和行人的穿行带来了不便。因此，针对路内临时停车所带来的外部性，需要政府采取相应的措施进行规制。

路内临时停车服务除了上述属性之外，还具有提供主体的特征，即路内临时停车的提供主体应该是政府；还具有服务对象的特征，即路内临时停车的服务对象应该是全社会的公众，要满足社会公众的外出停车需求；另外，在划定停车位的选址方面，路内临时停车的位置应该划在支路或者是宽敞且车流量相对较低的街道上，应该距离市民办公或是办事的地点较近。

2. 对停车泊位收费管理进行激励性规制的必要性

经过上述对路内停车收费属性的分析，我们发现路内临时停车服务具有如下两个基本矛盾。

（1）有效竞争下的规模不经济与垄断下的规模经济之间的矛盾

路内临时停车收费的经营权一般都是交给具有相关资质的企业，企业每年定额上缴事先规定的费用或是按照规定的比例上缴，或是全额上缴，政府付给企业一定的管理费用，但企业往往具有垄断的性质，特别是对于按比例上缴或是定额上缴的形式，由于缺乏竞争者，可能滋生企业的不作为、利己行为。引入竞争者来打破垄断虽然一定程度上可以实现有效竞争的目标，但引入竞争者又无法实现规模经济，会限制停车收费企业的规模扩张。所以路内停车收费服务面临着垄断低效与规模不经济之间的选择困境，即"马歇尔困境"。

（2）企业的经营目标与社会福利目标之间的矛盾

对于企业而言，站在理性经济人的角度，路内停车收费要实现利润最大化，企业追求的是经营收益。而对于政府部门而言，政府追求的是社会福利目标，实现社会福利最大化，政府设置路内停车位的目标是方便市民出行，缓解交通堵塞，解决停车难的问题，以实现最大化的公共利益，矫正市场失灵。政府所追求的目标无疑与企业所追求的目标是相互冲突的。

路内停车服务作为准公共产品，本身具有公益性，停车收费企业具有经营性，需要保本盈利，企业的目标与政府部门设置路内停车收费以促进社会福利的初衷是相背离的，满足停车收费的公益性可能会导致企业经营出现亏损，无法实现其经营目标。

综上所述，单纯通过市场是难以化解路内停车服务的矛盾的，需要通过相关政府规制机构对其进行规制，调节矛盾，在实现社会福利最大化的同时也保障企业的经营收益。

（二）停车泊位收费管理激励性规制的相关要素分析

激励性规制的相关要素主要包括激励性规制的主体、激励性规制的客体以及信息不对称。

1. 激励性规制的主体

规制的主体主要是政府及其下属部门，路内停车收费属于政府非税收入的一部分，一般是由市政府来收取。规制的主体主要有两个：一个是停车收费管理部门，即所在城市的交通管理部门，市政管理委员会等，主要负责路内临时停车收费的具体管理工作；另一个是财政局、发改委等职能管理部门，主要负责路内停车收费的价格、规划建设等方面的管理。

2. 激励性规制的客体

激励性规制的客体为负责停车收费的企业。具有相关资质的停车收费企业可以到相关部门申请道路内停车位的管理，经批准后通过竞拍、投标等方式取得停车位的经营权，之后在取得经营权的路段内依照合同规定进行经营。[①]

3. 信息不对称

在路内停车管理的规制实践中，规制主体与规制客体之间存在信息不对称，即政府部门与企业之间存在信息不对称的问题。政府与停车收费企业之间是委托—代理的关系，政府行政部门是委托人，企业是代理

[①] 关于路内停车位的治理模式，武汉、昆明等城市采用的是"外包管理"的模式，即将停车收费的经营权交给具有相关资质的企业或是事业单位；北京市采取的是"政府购买服务"的模式，在每个区招标企业进行管理，停车费实行收支两条线；南京市采用的是"行政主导"的模式，采用由市政府来领导，市城市管理行政执法局为核心，物价局、公安机关交管部门为协助力量的路内停车管理体系。

人，由前面的分析可知，政府与企业所追求的目标是相互矛盾的，停车收费企业在很大程度上可能会偏离政府的委托目标。尽管委托人与代理人的目标函数并不一致，但通过设计有效的激励性规制，或许能够最大化实现政府与企业双方的目标函数。

规制者与企业之间的信息不对称具体来说有两种形式，一种是逆向选择，另一种是道德风险。逆向选择是事前的，发生在签订规制合同之前，对于政府而言，停车收费企业对停车位的收益水平、自身的经营状况等信息掌握得更多，具有明显信息优势。逆向选择可能会带来如下后果：政府难以选择最合适的企业来提供服务，企业为了获取经营权可能会隐瞒自己的劣势，如果政府选择了低效率的企业，那就意味着一开始就存在着社会福利的损失，而这个行业的自然垄断特性使得这种劣势往往不易被察觉到。

道德风险是事后的，规制契约签订后，政府无法完全观测到企业的努力程度、经营行为，这种信息不对称也会造成不利后果：如果事先签订的合同对企业的激励不够，企业将缺乏足够的动力来提高经营效率，降低成本，尤其是如果采取的是收支两条线，企业收取的停车费全额上缴，政府付给企业约定的管理费用，这样的治理模式可能无法给予企业足够的动力来提高经营效率。

（三）停车泊位收费管理激励性规制的目标

激励性规制理论中，规制者的目标通常是多重的，包括确保价格的合理、提供高质量的产品或服务、实现有效率的产出和投资水平、制定一种公平的规制政策等。通过上述路内临时停车收费进行激励性规制的必要性以及路内临时停车收费激励性规制的相关要素分析，我们认为路内临时停车收费激励性规制的目标主要包括以下三个方面。

1. 提高资源配置效率，实现有效竞争

路内临时停车收费行业具有自然垄断的特征，通过进入规制或是特许投标经营等方法引入竞争，打破垄断，激励企业提高效率或是选择高效的企业，才能引导路内停车收费行业的有效竞争，提高资源的配置效率，实现社会福利最大化。

2. 减少信息不对称

规制主体与停车收费企业之间的信息不对称使得企业可能出现逆向选择与道德风险问题，政府部门的委托目标与企业的代理目标相冲突，政府的收入没有提高，甚至还会造成社会资源的浪费。因此，解决规制失灵的关键之一是要加强政府部门对企业经营状况等的了解，减少政府在契约签订中的信息劣势。

3. 提高停车收费企业的服务水平

引入竞争、减少政府的信息劣势的一个主要目的就是要激励停车收费企业提高效率，提高服务水平。企业为了自己的利益可能存在不开发票、私下议价、自行议价的行为，也有企业因为疏于管理，恶化了停车服务质量，管理人员与车主之间经常发生摩擦。企业的这些行为给停车收费行业带来了恶劣的影响，因而提升企业的服务水平也是激励性规制所要达到的目标。

停车收费行业的激励性规制主要应达到以上三种目标，我们认为规制者实现这三种目标的层次应该是：首先，实现减少信息不对称的目标；其次，了解企业的经营信息后，以提高企业的服务水平为中级目标，进一步规范企业的经营；最后，实现整个行业的有效竞争，提高资源配置效率，尽可能使停车收费企业的利益与社会福利都达到最大化。

五　停车泊位激励性规制经典案例分析

（一）国内外停车泊位管理典型案例

斯德哥尔摩——标尺竞争，依靠独特的停车监管模式融入标尺竞争规制进行运营。与西方发达国家一样，斯德哥尔摩采用了停车自动收费的模式，避免了停车乱收费的现象，但却无法杜绝违规停车与逃费的现象，依然需要监督巡查。因此，在通过特许经营的方式将停车收费外包给 SP（Stockholm Parkering）公司的同时，斯德哥尔摩将管理停车执法巡逻的职责外包给 S（Securitas）和 SB（Svensk Bevakningstjänst）公司。政府每年向三家私营公司支付一亿瑞典克朗来维持停车收费管理。另外，在 S 公司与 SB 公司之间引入标尺竞争，政府部门停车管理人员负责监督 S 与 SB 公司合同的执行情况、审查服务质量并确保各项合同规定的落实。详细来说，S 与 SB 公司都设置有一定的业绩目标且其收入随业绩目标的实现情况而波动，停车管理人员根据车辆遵守停车规则的百分比进行评估；同时，停车管理人员每年会进行两次停车违法行为的抽查，违法率高的公司如若不及时进行整改将面临被其他公司取代的风险。标尺竞争的目的是引入竞争的利益分配机制，这样，通过停车收费与管理的分离实现了停车收费的有序运行。

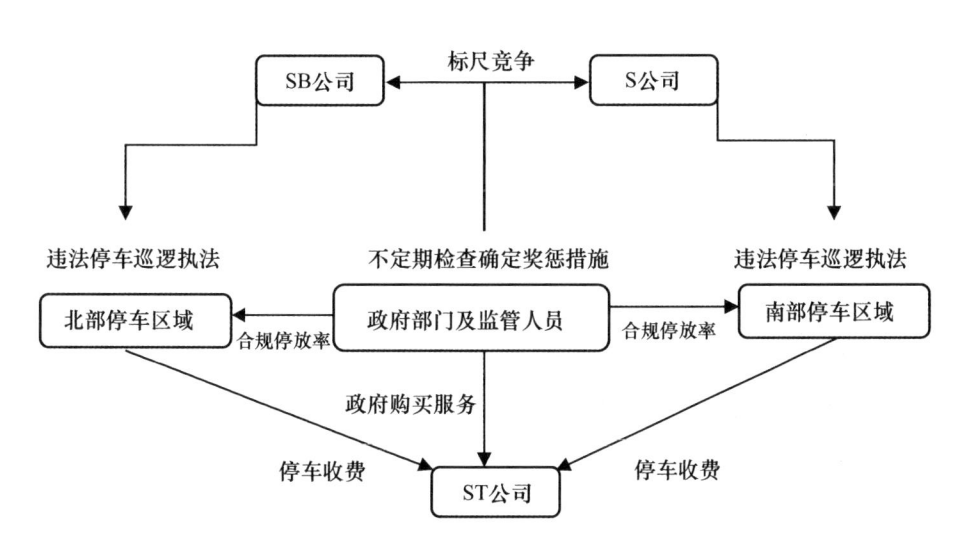

图 1 德哥尔摩市停车监管的标尺竞争规制

北京市——内外联动，服务外包。北京是我国最早启动停车诱导系统的地方，通过户外显示屏实时显示停车场与泊位剩余个数，引导车主就近停车。在此基础上，根据 2019 年 7 月 1 日的道路停车改革，北京市实现了以电子收费设备、高频视频为主的信息化收费模式。2018 年北京市颁布的《北京市机动车停车条例》规定，"人民政府可以采取向社会购买服务的方式，委托专业化停车企业对道路停车进行管理。委托过程应当公开透明并签订书面协议，明确双方权利义务、不得转包、协议期限、终止协议的情形等内容"。这意味着停车管理企业成为纯粹的服务提供商，不再从停车收费中获取直接收益。通过服务外包的方式，在每个区招标 1—2 家企业进行停车收费管理，主要对违法停车、逃费等行为进行监管。既保证了企业间的相互竞争、提高服务质量，又实现了人钱分离，最大限度减少了人为因素的干预。

深圳市——取证权外派。深圳市于 1997—2007 年委托管理公司实施路内停车咪表收费，后由于政府和企业之间关于上缴额度的矛盾以及企业管理服务水平的下降，最终导致路内停车咪表收费的终止。2014 年 7 月在中心城区启动了路内停车电子收费，解决了乱收费、乱设泊位等问题。同时，成立专门的事业单位负责路内停车收费管理工作，该事业单位受交警委托，突破性地通过取证权外派，对路内停车位内违法停车行为及委托路段停车位外路内违法停车行为进行取证执法，解决了中国大部分城市开展路内停车管理时面临的警力不足问题。

武汉市——信息化停车与特许经营权模式。武汉路内停车采取公开招标、外包管理的方式，将停车收费管理及运营外包给企业、事业单位。2016 年武汉市的路内停车治理模式采用外包管理的方式，将停车收费管理权交给相关企业、事业单位等。2016 年 9 月，武汉市城市道路智慧停车项目经公开招投标，确定武汉城投停车场投资建设管理有限公司作为中标单位。该项目于 2016 年 11 月 1 日正式运行收费。武汉采取信息化的收费方式，即通过"武汉停车"App 或"武汉停车"微信公众号缴纳停车费用。武汉市外包性路内停车管理模式取得了一定的效果，武汉城管公布的数据显示，从 2016 年 11 月武汉重启道路停车收费以来，道路泊位日均周转率为732％，最高达到999％，一个泊位1天内最高可供10名车主使用。

柳州市——传统停车与特许经营模式。2009年12月，根据《财政部关于加强政府非税收入管理的通知》（财综〔2004〕53号）和《柳州市城市道路和公共场地临时停车管理暂行办法》（柳政办〔2009〕83号），由市财政局牵头，通过公开竞拍，市龙城保安公司取得柳州市城市道路临时停车的经营权。后来，考虑到车辆看护业务要维持相对稳定等因素，又将车辆看护业务也交由龙城保安公司。柳州市城市道路临时停车收费收入实行"收支两条线"管理，收入缴入市本级财政，支出除了用于市龙城保安公司经营成本及管理费用外，其余由市本级财政统筹安排用于城市道路的维修养护、道路停车秩序管理及社会治安综合治理。

（二）案例分析与经验借鉴

北京、深圳、武汉、柳州路内停车收费的运营模式体现了我国目前不同发展水平城市对路内停车收费的管理。

目前，绝大部分的中小城市采用的是柳州市的运营模式——传统特许经营模式。这种模式最大的优点在于路内停车收费运营准入门槛低，只需要具备基本的管理能力和人力资源便可参与。因为停车收费自动化设备的建设、运行维护是一笔不菲的开支，大型城市经济发达、车位紧张，路内停车收费标准较高，能够覆盖收费设施成本，但中小型城市经济水平限制了停车收费标准上限，自动化收费得不偿失。并且停车收费还可以为当地创造工作职位，一定程度上解决了当地就业问题。同时采取特许投标的方式容易吸引众多符合条件的企业进行投标，降低了企业间合谋的可能性。只要通过合理的招标手续便可得出竞争性的报价。这可以缓解政府与停车管理企业之间信息不对称的问题，最大限度地降低成本。另外，定期的投标制度也将激励企业规范经营，提高服务质量，否则在下一次的投标过程中政府可能设置对企业不良行为的负面评价，影响企业投标。但是，这一模式的缺点也很明显，一般而言，整个城市只会由一家企业进行停车泊位的特许经营，缺乏竞争、缺乏监督会导致停车泊位服务质量不高，收入流失、管理混乱等问题。

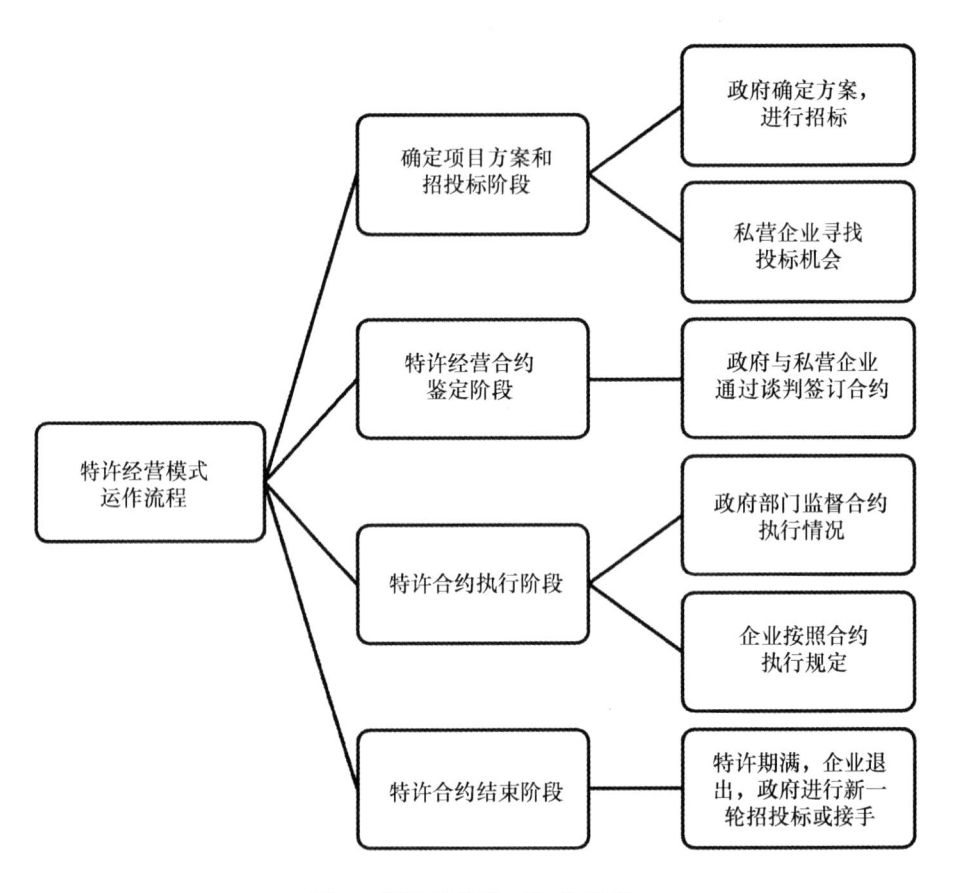

图2 特许经营模式运作流程

特许经营模式运作流程：
- 确定项目方案和招投标阶段
  - 政府确定方案，进行招标
  - 私营企业寻找投标机会
- 特许经营合约鉴定阶段
  - 政府与私营企业通过谈判签订合约
- 特许合约执行阶段
  - 政府部门监督合约执行情况
  - 企业按照合约执行规定
- 特许合约结束阶段
  - 特许期满，企业退出，政府进行新一轮招投标或接手

武汉模式是在城市发展达到一定水平时，采取公开招标方式，将道路停车泊位特许经营权交由符合条件的企业来经营，约定经营企业建设智慧停车管理平台，提供智能化的收费管理服务。与传统模式相比，民众缴费方式更加便捷，可通过手机 App、微信公众号、支付宝等实现全程自助电子支付。

斯德哥尔摩、北京、深圳实行的都是自动收费模式与服务外包模式结合的管理方式，这一模式具有明显的优越性。一方面，自动化收费解决了信息不对称问题。自动收取结算使得停车收费企业的信息优势不复存在，停车收费企业由路内停车位的经营者转变为停车收费的服务提供者，政府只需向企业支付固定费用，考虑如何提高企业服务质量。另一方面，服务外包的模式实现人钱分离。政府购买服务合同实际上属于成本加成合同，即停车费用通过平台实时结算，直接纳入财政，再由政府根据企业管理成本，核算支付其合理利润。目前停车企业的经营成本主要包括人员成本、场地成本、管理成本等。实行特许经营模式管理时，政府主要收取企业缴纳的特许经营费用，而企业经营所得收益主要归自身所有，政府由此获得的财政收入也并不高。而实施政府购买服务后，企业的收入来源就变为政府为了购买企业服务所付出的费用，企业未来会代替政府管理、经营市政道路内停车位，所收到的费用均会上缴。再者，在服务外包的过程中引入标尺竞争，将企业的服务质量与企业收入挂钩，增强了竞争性，提高了服务效率。

表2　　　　　　　　不同模式停车收费管理模式比较

城市	管理模式	具体方法	特点
斯德哥尔摩	自动停车收费+标尺竞争	在两家分别管理不同区域的S公司与SB公司中引入标尺竞争，对两家公司对区域内停车管理的情况进行考核，奖优惩劣	引入竞争利益分配机制，激励作用强
北京市	停车诱导系统+自动停车收费+服务外包	政府购买服务，每区招标1—2家企业对违法停车、逃费等停车收费行为管理	企业间相互竞争，提高服务质量，人钱分离
深圳市	自动停车收费+取证权外派	成立专门的事业单位负责路内停车收费管理，取证权外派	取证执法，解决道路停车管理警力不足的问题

续表

城市	管理模式	具体方法	特点
武汉市	自动停车收费+特许经营	路内停车收费管理权、运营权外包，公开招标	公开透明，成本低
柳州市	咪表停车+特许经营	停车收费特许经营，企业不仅进行停车收费也兼顾停车管理	缺乏监督、激励，收入流失

资料来源：课题组收集资料并整理。

六　昆明市停车泊位管理现状

（一）昆明市停车泊位管理模式

目前，昆明市停车泊位管理采用的是特许经营的方式，由昆明国有资产管理有限公司统一运营管理。具体如下。

1. 特许经营模式

2012 年后，昆明市路内停车收费由以前的昆明市交警支队负责，改为将特许经营权注入昆明国有资产管理有限公司统一运营管理。路内临时停车泊位运营模式严格按照 2012 年昆明市政府下发的《关于规范昆明市中心城区路内临时停车泊位管理的实施意见》（昆政办〔2012〕94 号）对昆明市路内临时停车泊位管理实行特许经营权的管理模式。

在管理规模及模式上，从一家停车管理公司对主城中心区路内停车泊位管理扩展到与各区成立合资公司对各区路内停车泊位管理的模式。为了昆明市路内临时停车泊位统一运营管理，昆明国有资产管理公司积极与昆明市各区政府联动，形成了资产管理公司为总公司，按区域分别与各行政辖区的区属国有企业成立了 4 家股份制公司和 1 家全资子公司的管理格局，并通过自主经营和合作经营的方式，对路内临时停车泊位进行了整治清理，逐步展开了昆明市路内临时停车泊位的统一运营管理。

在收费管理模式上，昆明市市政道路停车泊位的收费属于国资公司经营收入。作为昆明市国资委监管的国有独资企业，昆明市路内临时停车泊位经营管理的唯一合法主体，旨在收取车辆停放服务费用，承担必要开支的管理费用，所收取的费用扣除人工成本及管理成本后，其余费用在缴纳必要税金后资产管理公司用于投入建设昆明市智能化停车系统及停车诱导系统、立体停车场。

2. 价格规制

昆明市市政道路路内停车价格由昆明市发改委制定收费标准，其价格规制主要表现在价格监管上。2017年3月，昆明市发改委下发了《关于进一步完善机动车停放服务收费管理的实施办法》（昆发改价格〔2017〕92号），路内停车新的收费价格标准于2017年3月20日起正式实施，资产管理公司严格按照文件要求开展收费工作。此收费标准在下发前已进行了昆明市市民公开听证。资产管理公司严格按照文件要求开展收费工作，新规实行至今，停车价格的杠杆作用已凸显，路内明显高于路外的收费价格，使长时停放车辆引入了周边路外停车场，无封顶的收费标准积极引导着市民的绿色出行方式，促进路内停车车主快停快走，路内临时停车泊位真正满足了临时停车需求，有效地实现了以价格杠杆来促进动静态交通管理，缓解城市交通压力的目的。

（二）现行管理与规制模式存在的问题

特许经营制度在一定程度上可以提高停车泊位的管理经营效率，但却存在缺乏监督的问题。

1. 特许经营制度不健全

昆明国有资产管理公司统一进行昆明市路内停车管理运营的模式存在竞争不充分的问题。政府在决定对市政道路内停车泊位实行特许经营时，并没有按照特许经营招投标的流程进行，而是直接跳过了特许经营招投标环节，直接与企业签订了特许经营合同。这为后来特许经营项目问题多发埋下了隐患，形成了国有资产管理公司在路内停车泊位运营领域一家独大的垄断模式，缺乏竞争，难免带来运营效率低下、缺乏积极性、监管不力等问题，造成国有资源的流失等问题。

2. 对服务质量缺乏监督

由于缺乏监督机制，特许经营模式下的停车泊位管理会导致相关规定流于形式，缺乏实际的执行效果，全凭企业自觉遵守执行，服务质量低下。例如，在各区成立合资公司对各区路内停车泊位管理的模式下出现一条道路由两家国资公司管理的现象，造成停车泊位管理混乱。

3. 特许经营收入监管不力

一是一些泊位收费未严格按照价格规制执行。截至2018年，昆明市道路画线停车收费泊位有8万余个，由市交警支队统一规范设置后交资产管理公司管理经营的仅有12000余个。未纳入国资公司统一管理的7万余个泊位，有的不分时间长短自定收费标准，有的收费不给票据，有的乱给票据，有的车主为了少交费就不要票据，等等。部分停车泊位不公示收费标准和依据，收费标准个人说了算。

二是拒费、逃费问题依然严重。昆明市自2013年智能化系统运行至今系统记录的恶意逃欠费总额就达600万多元，虽然通过智能化管理系统的追缴机制每月可追缴逃、欠费金额2万余元，但这与每年逃、欠费金额相比仍差距较大。

三是存在私下议价现象。路内停车的收费场景给企业留下足够的作弊空间，缺乏激励会导致收入被截留。路内停车随进随出，收费仍然依赖人工管理，电子收费流程必须由人力完成。实时平台结算并不能阻止收费员的私下议价，收费被企业或私人全部占有。

七 昆明市停车泊位收费管理激励性规制建议

对昆明市停车泊位收费管理激励性规制应采用发展的眼光，目前来看，昆明市实行的是传统的停车泊位收费管理模式，但基于政府长期规划，自动停车收费模式也将在不远的将来启动。

（一）针对传统停车泊位收费管理的激励性规制

昆明市路内停车收费管理属于竞争不充分的特许经营，一定意义上是政府主导型的收费管理模式。对于此类传统的运营模式而言，激励性规制重点在于停车收费企业的经营问题，即规范停车管理企业的行为，在维持一定盈利水平的前提下调动企业积极性，提高企业服务质量。

1. 坚决取缔不合规泊位

目前，昆明路内停车收费最大的问题是政府部门对路内停车资源管控力低，管理主体混乱。昆明教科所数据显示，目前昆明道路划线停车泊位有8万余个，但政府部门真正掌握的仅占八分之一，其他7万余个泊位被辖区街道办事处、房地产开发商、社区居委会、物业管理等单位自行设置管理，造成国有资源经营权的严重流失。同时，由于缺乏政府部门的监督管理，这些泊位乱收费问题严重，且私设泊位抢夺公共资源，严重阻碍交通。因此，政府部门必须高度重视此现象，成立专门的工作小组，对在市政道路上非法设置泊位开展排查、取缔，对不听劝阻人员进行严惩。调动公众的力量，建立监督渠道，鼓励市民对私设停车泊位行为进行监督举报，并给予适当奖励。同时，梳理市政道路停车泊位，在清理取缔后，由交通等相关部门，根据片区停车需求、道路通行条件，在不影响动态交通的情况下，依法设置泊位，并对泊位进行标号管理，一方面便于梳理清楚泊位总体数量，另一方面也可以为以后停车自动化、智能化"摸清底"，打好基础。

2. 实行充分竞争的特许投标制度

特许投标经营是解决停车收费效率低下、私下议费等乱象的重要方式。与其他地区相比，昆明市泊位数量偏多，8万多的停车泊位交由一家管理公司运营容易造成行业垄断和运营效率低下。特许投标经营制度可以很好地解决竞争弱化的问题。由停车管理部门组织公开、周期性的特许投标经营权拍卖,形成行业内部的竞争,自动淘汰落后、经营效率低下的企业。通过资格审查、邀请知名停车管理企业竞标、合同价格竞拍价低者得等流程,一方面政府可以获得企业运营成本的一部分信息,为下一次招标过程中合同的制定提供依据;另一方面也可解决昆明目前停车收费行业固化,缺乏竞争、效率低下的局面。注重企业对合同的执行,设立专门的停车企业监管职位,对合同执行情况、群众满意度等进行监督和考核,督促企业执行合同条款。

特许投标经营中要注重投标过程竞争不充分的问题,竞争的不充分会导致投标企业之间合谋,使国家利益遭受损失。因此,政府部门首先应该详细地设置招标合同,并使尽可能多的企业知晓招标信息,提高投标企业数量。其次,政府应适时公布投标企业信息,包括企业的运营成本、技术水平等,使潜在投标者充分了解招投标信息,减少信息不对称,做出合理、明智的选择。另外,政府部门还应规范特许经营环节,提高招投环节的透明度,加强监督。

3. 适时引入标尺竞争

标尺竞争理论是激励性管制理论的一个重要分支,是指在多家独立性企业的受管制产业中,规制者以其他企业的表现作为衡量每一个企业表现的标准或标尺,来促使每一个企业同"影子企业"展开竞争,从而提高企业的生产效率并抽取企业的信息租金。它能够有效缓解规制者和被规制者之间的信息不对称并对被规制者形成有效的激励。具体的操作流程为:首先,根据行政区划将不同的停车泊位按照服务半径、人口规模、车流量、用地类型划分为居民区、商业区、景点区等类型。其次,建立服务质量标尺,包括民众满意度、收费价格、违法停车情况、收费规范性、收费人员在岗率等指标,考核企业在发改部门规定的收费价格下停车收费运营情况。再次,对不同区不同停车泊位类型进行特许经营公开招标。最后,建立标尺竞争制度,每年定期不定期对不同区域相同泊位类型的停车收费行业进行标尺考核并公开,计算每个指标的平均值,达到或者超过平均值的企业进行奖励,对未达标企业进行惩罚或者终止合同,以此建立企业与相同业务领域"影子企业"的竞争,引入竞争结果的利益分配机制,以促进企业提高服务质量,规范停车收费运营。

4. 加强政府监管

通过特许经营的方式引入民营企业进行停车收费管理可以强化竞争,提高效率,对政府管理、便利居民、企业发展都具有重要意义。但是,必须清楚地认识到企业进入公共服务领域其追求利润最大化的本质并没有改变,作为特许经营管理主体的政府部门和企业之间存在目标矛盾。因此,政府部门应该加强对企业的事前监管、事中监管、事后监管。在建设服务型、监管型政府的趋势下,政府部门可以建立独立且具有权威的第三方监管机构,确保监管机构的独立性,对停车收费企业进行监管,保证停车收费特许经营的顺利进行,提高运营效率。深圳市违法停车取证权外派就是一个成功的案例。在实现停车收费全自动化之后,为解决违法停车阻碍交通的问题,深圳市专门成立了事业单位负责委托路段路内、路外违法停车行为的取证执法,解决了路内停车管理中警力不足的问题。

(二)针对自动停车收费管理的激励性规制

随着城市化进程的加快,昆明市政府已将启动自动停车收费管理提上议程。为了加强停车泊位管理,规范停车秩序,昆明市于2019年7月30日出台了《昆明市机动车停车场管理办法》(昆明市人民政府令第150号),并于2019年8月18日开始实施。该办法新增了智慧停车章节,融合"互联网+技术"建设智慧停车信息平台,提高了停车场智能化管理水平,可准确地为车主提供停车场信息。同时,2019年9月24日,"丽江古城智慧停车"系统正式启动,丽江成为全省智慧停车的示范城市。"智慧停车"系统上线，显著提高了古城区车位周转率，有效缓解了停车难问题，提升市民停车体验。

虽然路内停车自动化、电子化收费消除了停车位经营信息的不对称，但停车收费企业的职能转为停车系统与服务的提供商，停车收费与企业收入脱钩可能导致企业收费管理的积极性与责任心不足，所以仍有必要对停车收费企业实施服务质量、停车规范等方面的激励性规制。

1. 引入标尺竞争提高服务质量

借鉴斯德哥尔摩停车泊位管理激励性规制经验，政府可以引入标尺竞争解决停车收费与企业脱钩后企业管理积极性、责任心不足的问题。通过在合约中加入奖惩条款，设置额外的激励性因素刺激停车管理企业履行职责、提高服务质量。每年定期、不定期由专门的停车管理人员对企业停车收费设备的损害率、停车违规率、逃费率、停车路段整体通畅程度等情况进行考核，并制定相关考核标准。对考核结果优异的企业进行合同收入以外的奖励，对不合格的企业进行惩罚、警告甚至与其终止合同。建立起不同区域企业间的竞争与激励机制，提高管理效率。

2. 适当引入取证权外派增强监督

自动化停车收费解决了乱收费、乱设泊位等问题，但却无法杜绝车主违规停车、逃费的现象，依然需要加强监督巡查。从国外以及深圳市的经验来看，可以将监督巡查的工作交由专门的机构进行。深圳市采用的是建立专门的事业单位，在交警的委托下，采取取证权外派的方式，对路内停车违法行为及委托路段违法停车行为进行取证执法，将"泊位巡查"职能外包，在对路内停车违法行为进行监督的基础上，对委托路段的违法行为进行取证，既可督促停车管理企业积极履职，也可对其他违法行为进行取证，一举两得。

Abstract：Although the management of government non-tax revenue has been criticized, as an important part of fiscal revenue, it plays an important role in strengthening local governments' financial resources, supporting the development of public utilities and the construction of public finance system. At present, the central and superior management and control, guard as the core of the regulation concept and local governments for non-tax revenue management objective needs. The management of non-tax revenue needs both reasonable regulation and appropriate incentives. From the perspective of incentive regulation, this paper discusses the feasibility and necessity of the compatibility between regulatory incentives and non-tax revenue management based on the historical development, main methods and application of incentive regulation theory. The compatibility of incentive and regulation is not only applicable to the central government's non-tax revenue management, but also applicable to the local government's specific management of non-tax revenue. By analyzing the advantages and disadvantages of incentive regulation theory and the characteristics of in-road parking charges, this paper analyzes the significance and necessity of incentive regulation of in-road parking charges. At the same time, through the analysis and reference of typical cases, this paper analyzes the status quo, existing problems and causes of the in-road parking fees in Kunming, and puts forward some Suggestions and measures on the compatibility between the incentive and regulation of in-road parking fees in Kunming.

Key Words: Incentive Regulation; Management of Government Non-tax Revenue; Curb parking

注释体例

本刊采用脚注（页下注），用①，②，③……标识，每页单独排序。具体注释的标识格式示例如下。

一　中文注释

1. 著作

标注顺序：责任者与责任方式/书名/卷册/出版者、出版时间、版次（初版除外）/页码。责任方式为著时，"著"字可省略，其他责任方式不可省略（下同，不再标注）。

示例：

余东华：《论智慧》，中国社会科学出版社2005年版，第35页。

2. 译著

标注顺序：责任者国别、责任者与责任方式/书名/其他责任者与责任方式/出版者、出版时间、版次（初版除外）/页码。

示例：

［美］弗朗西斯·福山：《历史的终结及最后之人》，黄胜强等译，中国社会科学出版社2003年版，第7页。

3. 期刊、报纸

期刊标注顺序：责任者/所引文章名/所载期刊名、年期（或卷期、出版年月）。

示例：

袁连生：《我国义务教育财政不公平探讨》，《教育与经济》2001年第4期。

报纸标注顺序：责任者/所引文章名/所载报纸名称/出版年、月、日及版别。

示例：

杨侠：《品牌房企两极分化中小企业"危""机"并存》，《参考消息》2009年4月3日第8版。

4. 论文

学位论文、会议论文等，标注顺序：责任者/文献题名/论文性质/地点或学校/文献形成时间。

示例：

赵可：《市政改革与城市发展》，博士学位论文，四川大学，2000年。

任东来：《对国际体制和国际制度的理解和翻译》，全球化与亚太区域化国际研讨会论文，天津，2006年6月。

二 外文注释（以英文为例）

1. 著作

标注顺序：责任者与责任方式/书名/出版地/出版者/出版时间/页码。书名用斜体，其他内容用正体；出版地后用英文冒号，其余各标注项目之间用英文逗号隔开（下同）。

示例：

Seymou Matin Lipset and Cay Maks, *It Didn't Happen Hee: Why Socialism Failed in the United States*, New York: W. W. Norton & Company, 2000, p. 266.

2. 译著

标注顺序：责任者与责任方式/书名/译者/出版地/出版者/出版时间/页码。书名用斜体，其他内容用正体；出版地后用英文冒号，其余各标注项目之间用英文逗号隔开。

示例：

Homer, *The Odyssey*, trans. Robert Fagles, New York: Viking, 1996, p. 22.

3. 期刊、报纸

期刊标注顺序：责任者与责任方式/析出文献题名/所载书名或期刊名及卷册/出版时间/页码。析出文献题名用英文引号标示，不用斜体，期刊名或书名用斜体，其他内容用正体。

示例：

Christophe Roux-Dufort, "Is Crisis Management (Only) a Management of Exceptions?", *Journal of Contingencies and Crisis Management*, Vol. 15, No. 2, June 2000, p. 32.

报纸标注顺序：责任者与责任方式/报纸中的文章名/报纸名/出版时间/版次；文章名用双引号引上，报纸名用斜体。

示例：

Clayton Jones, "Japanese Link Increased Acid Rain to Distant Coal Plants in China", *The Christian Science Monitor*, November 6, 1992, p. 4.

4. 论文

学位论文标注顺序：责任者与责任方式/论文题目/论文性质/地点或学校/论文形成时间。

示例：

Steven Flank, Reconstructing Rockets: The Politics of Developing Military Technologies in Brazil, Indian and Israel, Ph. D. dissertation, MIT, 1993.

三　电子文献与互联网资料注释

电子文献与互联网注释格式参照上述中英文注释的基本规范，网络资料需要标明网址。

云南大学
政府非税收入研究院
2022 年 1 月 1 日

《政府非税收入研究》
征稿启事

  《政府非税收入研究》是由云南大学政府非税收入研究院创办的学术出版物。创刊的宗旨是探讨政治经济学视野下的政府非税收入理论与实践，倡导从历史传承、人民立场、时代课题、国际视野等维度研究政府非税收入问题，促进政府非税收入研究在经济学、管理学、政治学、法学等学科群的交流与整合，服务国家治理体系和治理能力现代化。

  《政府非税收入研究》面向国内外公开发行，重点刊发政府非税收入理论与实践经验、税收与非税收入的关系、财税体制改革与非税收入征管、政府非税收入管理法制化、政府非税收入与公共治理等领域的优秀学术成果，鼓励思想创新和学术争鸣，提倡研究方法的多元性。

  来稿应为未公开的学术论文，并须注重原创性和规范性。来稿正文字数一般以 1.5 万—2.5 万字（不包括注释）为宜。来稿需提交 400 字左右的内容提要、3—5 个关键词（以及对应的英文内容提要和关键词），并提供作者简介及联系方式。

  《政府非税收入研究》在编辑过程中严格按照"三审三校"的流程，确保发文质量。收稿后会在两个月内通知审稿结果，在此期间请勿一稿多投，稿件一经采用，即付稿酬，并赠送样刊两本。

  本刊接受电子投稿，投稿邮箱为 feishuiyanjiu@ynu.edu.cn。

《政府非税收入研究》编辑部
2022 年 1 月 1 日